AF348881

Distopía
La fe en polémica con la cultura

Ficha bibliográfica

Arroyo Martínez Fabre, Mario Salvador

Distopía La fe en polémica con la cultura

1a. edición, 2021

NUN ISBN: 978-607-99468-9-0
CCM ISBN: 978-607-7905-98-1

Editorial Notas Universitarias, S.A. de C.V.
Impreso en la Ciudad de México

Formato: 15 × 21 cm

188 pp.

Editorial NUN

Es una marca de Editorial Notas Universitarias, S.A. de C.V.

Xocotla 17, Tlalpan Centro II, alcaldía de Tlalpan, C.P. 14000, Ciudad de México
www.editorialnun.com.mx

© 2021, Editorial Notas Universitarias, S.A. de C.V.
© 2021, Centros Culturales de México A.C.
© 2021, Mario Salvador Arroyo Martínez Fabre

Versión impresa NUN ISBN: 978-607-99468-9-0
Versión digital NUN ISBN: 978-607-99522-0-4
Versión impresa CCM ISBN: 978-607-7905-98-1
Versión digital CCM ISBN: 978-607-7905-97-4

El contenido de este libro es responsabilidad del autor
Comentarios sobre la edición a contacto@editorialnotasuniversitarias.com.mx

Dirección editorial y diseño de portada: Miryam Meza Robles
Cuidado de la edición: Felipe G. Sierra Beamonte
Corrección de estilo: Oscar Díaz
Edición digital: Carlos Papaqui
Impreso en México

Distopía
La fe en polémica con la cultura

Mario Salvador Arroyo Martínez Fabre

Índice

Prólogo

En los tiempos recientes hemos sido testigos de una gran escalada de fenómenos sociales y culturales que hace 30 o 40 años hubieran sido impensables. Fenómenos que adquieren una velocidad vertiginosa en la sociedad, gracias a multitud de vectores que invitan a su implantación y establecimiento. Fenómenos como el feminismo radical, el aborto libre, la eutanasia, la redefinició de la familia y el matrimonio o el ateísmo van claramente al alza en nuestra sociedad globalizada y uniformizada. En medio de este torbellino, auténtico huracán social y político, la Iglesia católica transmite un mensaje imperecedero, mientras lucha por adecuarse a los tiempos y modos, a las sensibilidades e ideas cambiantes del tiempo presente. ¿Lo conseguirá? Esta obra se propone ser testigo de tal encuentro, de tan apasionante desafío: ¿cómo se puede seguir pensando en clave cristiana en medio del mundo real, tantas veces postcristiano, en el que vivimos?

Los diferentes ensayos que componen el presente texto tienen como característica el pensar en clave cristiana los desafíos culturales actuales. Se proponen plantear las problemáticas desde una perspectiva cristiana y en dos dimensiones. Una temática, por medio del análisis de seis grandes temas: familia, aborto, eutanasia, feminismo, sexualidad y ateísmo; otra cronológica, pues los temas se hilvanan con el doble hilo conductor temático y temporal, es decir, responden a situaciones concretas que se han ido dando en nuestra sociedad. Su propósito, en consecuencia, es reflexiona desde una perspectiva cristiana sobre algunos de los hechos relevantes de la historia reciente.

¿Es posible pensar aún en clave católica o, por el contrario, el catolicismo está claramente superado, intelectualmente hablando? El presente texto muestra cómo el pensamiento cristiano está vivo y actuante en el caleidoscopio cultural hodierno. Más aún, goza de plena vigencia y puede mostrar la salida a múltiples interrogantes y problemas actuales. Sólo se necesita el esfuerzo de no descalificarl antes de tiempo y tomarse la molestia de atender a sus recomendaciones y sugerencias. *Distopía* lo hace, y de ahí su interés para el debate cultural contemporáneo. Presenta en forma ágil y divulgativa una amplia gama de temas, abordados todos en diálogo con la cultura actual y desde una *forma mentis* cristiana. De ahí surge la actualidad y el interés de esta obra. ¿Consigue hacerlo? Toca al amable lector juzgarlo.

La génesis de muchos de los textos aquí compilados es el diálogo entre el autor y diversos grupos de jóvenes, ya sea en las aulas universitarias o de bachillerato. Es decir, no se trata de una elucubración teórica, abstracta, alejada de la vida. *Distopía*, por el contrario, surge de la vida misma, de las clases universitarias y de bachillerato, de las preguntas, que ya sea en clase o al fina de ésta, los chicos formulaban al autor. Por eso *Distopía* tiene el mérito de surgir de la vida misma y expresar las inquietudes reales de muchos millennials y centennials. Ahí radica también gran parte del valor e interés de la obra.

Por eso mismo, *Distopía* vuelve accesibles temas en realidad muy complejos, tanto que constituyen muchas veces el alma del debate público y político contemporáneo. Acercar los grandes temas de manera accesible es mérito de los buenos trabajos divulgativos, pues dan una visión amplia y a la vez profunda, de las cuestiones en discusión. La obra tiene el afán de cubrir esta meta divulgativa y mantener una sana tensión entre la amplitud y la profundidad de las temáticas abordadas.

¿Qué le quedará al lector de *Distopía*? Un acervo importante de ideas y de argumentos para presentar de modo respetuoso y no beligerante el mensaje cristiano a las personas de hoy. Puede mostrar cómo los cristianos de hoy somos herederos de una gran tradición de pensamiento, y cómo el cristianismo no tiene miedo de abordar las cuestiones más embrolladas de la sociedad contemporánea. Le deja, en ese sentido, un santo orgullo de ser cristiano, si lo es; una invitación a conocer el cristianismo más a fondo, a tomárselo más en serio, si el lector no lo es.

En ocasiones los textos aparecen con tono polémico, precisamente como una forma de entrar de lleno en el debate público hodierno. Ello le otorga agilidad a su lectura y provoca una cierta reacción, apuesta a no dejar indiferente al lector, sino a involucrarlo directamente en las difíciles temáticas abordadas. El talante polémico es, en consecuencia, una herramienta retórica para captar la atención del lector e involucrarlo en el tema. Nunca tiene, en cambio, un carácter beligerante o agresivo, pues el autor sabe que las ideas no se imponen, sino que se dialogan y piensan, para finalmente si convencen, hacerse propias.

No me queda sino desearles una feliz lectura a todos los que se atrevan a seguir esta aventura intelectual de pensar cristianamente los problemas contemporáneos y ofrecer una respuesta a las inquietudes, interrogantes y aspiraciones del hombre actual.

Padre Mario Arroyo

Introducción

¿Por qué los temas del feminismo, el aborto, la eutanasia o el sexo acaparan la atención mediática y la agenda pública? ¿En qué estriba su particular interés, su prioridad, el hecho de que capten la atención de los jóvenes? ¿Qué hay en esas realidades o por qué despiertan interés? En el presente libro se intenta hacer un recorrido, a manera de *collage* fotográfico sobre estos temas y su desarrollo histórico reciente, mediante una colección de artículos periodísticos que los abordan. Pero, primeramente, en este breve ensayo introductorio, nos damos a la tarea de reflexiona acerca del motivo por el cual despiertan tanto interés.

Ahora bien, otro elemento disonante, que suele despertar alboroto al tratar esta temática, es la doctrina de la Iglesia Católica al respecto. Para muchos las posturas eclesiásticas oficiale resultan escandalosas. No se trata sólo de que muchas personas las consideren superadas, anacrónicas y obsoletas. Bastantes se consideran agredidos con su sola enunciación; es decir, no aparece únicamente como una doctrina trasnochada y superada, apta solamente para engrosar el arcón de la historia. No, se considera una realidad viva que ofende y provoca, levanta polémica, y por ello el interés de los medios, pues viven del escándalo. Pero el hecho de que todavía suscite incomodidad manifiest que, pese a quien le pese, continúa siendo algo vivo, discordante con la opinión de la mayoría, o por lo menos, con la opinión oficial canónica.

Quizá la clave del escándalo estriba en dos extremos que implícitamente cuestionan a la opinión dominante o, como se le denomina habitualmente, "políticamente correcta". El primero es que no se trata en realidad de una posición superada, no es una reliquia del pasado, una pieza de museo que se contempla con indiferencia. En cambio, todavía es algo vital para muchas personas, presente en multitud de sociedades, con diversos grados de intensidad, pero vivo y operante. En segundo lugar, porque presenta un modelo de vida, sociedad, persona y cultura alternativos al generalmente aceptado. Es decir, se trata de un conjunto coherente de doctrina, que ofrece una visión completa y armoniosa de lo que es el hombre, la vida, la familia, la cultura y la sociedad, diferente del políticamente correcto y, por ello mismo, se puede comparar con él. Es, en definit va, un modelo alternativo y las comparaciones son inevitables. Su viabilidad cuestiona a la visión canónica, políticamente correcta y las comparaciones resultan incómodas.

Son dos visiones alternativas del mundo. En muchos extremos antagónicas, en algunos complementarias. ¿Pueden continuar manteniendo vigencia ambos modelos? Parece ser que sí, pues muchas veces la vía para descalifica a uno de ellos es la violencia y la mentira, lo que manifiest la falta de herramientas intelectuales de la posición políticamente correcta. Cuando elijo la violencia –quemar iglesias, vandalizar símbolos religiosos– signific que se me acabaron las razones o son menos sólidas que las de mi contraparte. Signific que estoy inquieto, pues se cuestionan legítimamente los fundamentos de mi cosmovisión y eso me incomoda.

Cuando existen unos cauces culturales y públicos civilizados, adecuados para el debate académico, y éstos no se utilizan, quiere decir que se carece de argumentos sólidos para esa discusión y se opta por abortarla con la violencia. Tanto en el lado cristiano en general, como católico en particular, ha estado siempre abierta la puerta y extendida la mano para sostener un debate público y racional sobre los fundamentos de la cultura y la sociedad.

Una muestra de ello, reciente, es la iniciativa promovida durante el pontificad de Benedicto XVI denominada "Atrio de los Gentiles", donde se promovía positivamente un debate público con no creyentes, sobre los temas estructurantes de la sociedad y la cultura. El entero pontificad de Francisco puede verse como un continuo intento de tender puentes con los temas emergentes de la sociedad contemporánea. Muchas personas, en vez de recoger el guante y aceptar el desafío, han optado por el cobarde expediente de la violencia. Pero ello manifiest que o no tienen razones sólidas para sustentar su postura, o no están muy seguros de ellas.

En cualquier caso, como todo mundo sabe, nunca ha sido buena idea prescindir de la historia, hacer como si todo comenzara el día de hoy, pues ello nos convierte en manipulables, proclives a repetir los errores de antaño. Estamos a mitad de un proceso cultural relevante, de consecuencias incalculables, es importante no perder conciencia de nuestra identidad, saber quiénes somos. Y, en este proceso, una parte fundamental de la construcción de nuestra identidad la constituye el ser conscientes de quiénes hemos sido. En este ámbito, resulta indispensable una madura reflexió histórica sobre los puntos y valores rescatables de nuestro común pasado cristiano. Sería irresponsable descartarlo todo, con las rápidas etiquetas de "pedofilia" "inquisición", "evangelización", "colonización", "cruzadas", etc. Se requiere un ejercicio de discernimiento, donde se descarta lo superado y negativo, mientras se hace un positivo esfuerzo por mantener aquello que arroje luz acerca de quiénes somos ahora, y hacia dónde nos queremos dirigir.

Por lo pronto, el hecho es que el cambio de paradigma cultural nos ha conducido a una actitud revisionista y crítica con respecto a nuestra propia cultura, nuestras raíces y nuestra identidad. Nos encontramos a la mitad de un doloroso proceso a través del cual cambiamos el relato que nos da una explicación coherente sobre nosotros mismos. En el relato anterior, se partía de la visión según la cual occidente representa desarrollo, cultura y progreso. Sería el encargado de llevar la luz de la civilización al resto de la humanidad, como una especie de abanderado de la raza humana. Ahora, en cambio, se está adoptando, en ocasiones de forma traumática, un relato alternativo, donde Occidente, a lo largo de la historia, ha sembrado sólo opresión y violencia, pues desea exclusivamente su propio interés y el sometimiento de lo diverso.

En este relato alternativo, Occidente tiende a exculparse de sus pecados y busca un chivo expiatorio para tal efecto. Lo ha encontrado en quien, hasta hace no mucho tiempo, era el alma de la cultura occidental: la civilización cristiana. Sería el cristianismo el culpable de los excesos de Occidente, al desembarazarnos de él, todavía podemos rescatar algo del bagaje cultural de toda una civilización. El núcleo de la cultura suele estar constituido por la religión. El núcleo de la civilización occidental es el cristianismo.

Por lo tanto, dar un paso definit vo hacia el nuevo modelo cultural exige, como requisito previo, despojarnos de nuestra herencia cristiana, pues en caso contrario, todo sería, en última instancia, más de lo mismo. Pero desembarazarnos de esta herencia cultural requiere, por estar insertado en su núcleo, rechazar el cristianismo; no basta abandonarlo y cambiarlo por otro relato, se precisa su repudio público. Dicho repudio ha cristalizado, por ejemplo, en la recurrente quema de iglesias y destrucción de símbolos religiosos en Estados Unidos, Francia, Inglaterra y España. Se opta por un ejercicio agresivo de rechazo que exprese cabalmente y sin lugar a equívocos nuestro repudio por el pasado y la disposición para asumir un nuevo modelo de vida y de cultura.

Se trata, en definit va, de realizar una revisión generalizada de la cultura, de sustituir un relato que da sentido a la vida por otro diferente. Para hacerlo, se modifica en sus raíces los fundamentos de la sociedad, como éstos eran religiosos, se ataca al fenómeno religioso como tal o, por lo menos, se le discrimina, intimida, controla y recluye.

No es para menos, pues se trata de modifica , por ejemplo, la noción de persona, sirviéndose de una antropología de referencia distinta de la utilizada hasta el momento, y que estaba "contaminada" por principios cristianos. La Declaración Universal de los Derechos Humanos de 1948 es un buen ejemplo de los frutos de esa "antropología trasnochada"; de ahí los sucesivos intentos de reinterpretarla o de añadirle derechos de "segunda y tercera generación", más acordes con la antropología en boga. Como es sabido, ya en su tiempo, dicha declaración fue tildada de excesivamente cristiana.

Recientemente, a modo de ejemplo, y en un tema que podría parecer marginal, y no lo es, la Comisión Teológica Internacional señalaba cómo la antropología de referencia en la actualidad no es cristiana y por ello no se puede dar por descontado que las personas, cuando se quieren casar, desean contraer "matrimonio natural", como la tradición y la antropología cristianas lo consideraban. Es decir, por provenir de una antropología diversa, las nociones de *persona*, *matrimonio* y *familia* son diferentes. Ya no es, siquiera, que no se desee acceder al matrimonio religioso; es que por matrimonio se entiende algo distinto de lo que se ha entendido toda la historia, desde la Roma clásica hasta hace pocos años. Vale la pena citar por extenso el documento:

> Sin embargo, sin caer en lamentaciones catastrofistas una mirada sincera a nuestro contexto cultural no puede dejar de constatar cómo se van consolidando cada vez más, como axiomas incuestionables en la cultura posmoderna, aspectos que llevan a cuestionar en su raíz antropológica la base natural del matrimonio. Así, sin ánimo de exhaustividad, la tendencia predominante incluye como evidentes, por ejemplo, estas convicciones extendidas, arraigadas y en ocasiones sancionadas por la legislación, claramente contrarias a la fe católica.

a) La búsqueda de la autorrealización personal, centrada en la satisfacción del yo, como la meta mayor de la vida, que justific las decisiones éticas más sustantivas, también en el ámbito matrimonial y familiar. Esta concepción se opone al sentido del sacrifici amoroso y la oblación como el logro mayor de la verdad de la persona, que la fe cristiana propone, alcanzando así de modo magnífic su sentido y cumplimiento.

b) Una mentalidad de tipo "machista", que minusvalora a la mujer, dañando la paridad conyugal ligada al bien de los cónyuges, entendiendo el matrimonio como una alianza entre dos que no serían iguales por designio divino, naturaleza y derechos jurídicos, frente a la concepción bíblica y la fe cristiana. La postura contracultural de Jesús, en contra del divorcio (cf. Mt 19,3-8), supuso una defensa de la parte más débil en la cultura de la época: la mujer.

c) Una "ideología de género", que niega cualquier determinación biológica de carácter sexual en la construcción de la identidad de género, socavando la complementariedad entre los sexos inscrita en el plan del Creador.

d) Una mentalidad divorcista, que mina la comprensión de la indisolubilidad matrimonial. Al contrario, lleva a considerar los vínculos conyugales, más comúnmente denominados "de pareja", como realidades esencialmente revisables, en contradicción directa con la enseñanza de Jesús al respecto: Mc 10,9 y Mt 19,6 (cf. Gn 2,24).

e) Una concepción del cuerpo como propiedad personal absoluta, a libre disposición para la obtención del máximo placer, especialmente en el ámbito de las relaciones sexuales, desligadas de un vínculo conyugal institucional y estable. Pablo, sin embargo, afirm la pertenencia del cuerpo al Señor, excluyendo la inmoralidad (πορνεία), de tal modo que el cuerpo se convierte en cauce de glorificació de Dios (cf. 1Cor 6,13-20).

f) La disociación entre el acto conyugal y la procreación, en contra de toda la tradición de la Iglesia católica, desde la Escritura (Gn 1,28), hasta nuestros días.

g) La equiparación ética, y a veces jurídica, de todas las formas de emparejamiento. Así, se propagan no solamente las uniones sucesivas, las uniones de hecho, sin contrato matrimonial formal, y también las uniones de personas del mismo sexo. Las uniones sucesivas niegan de hecho la indisolubilidad. Las convivencias temporales o a prueba desconocen la indisolubilidad. Las uniones de personas del mismo sexo no reconocen el significad antropológico de la diferencia de sexos (Gn 1,27; 2,22-24), inherente a la comprensión natural del matrimonio, según la fe católica.

Aunque el documento se plantea propiamente la cuestión de la necesidad de la fe para recibir válidamente matrimonio como sacramento, deja constancia, para mostrar la profundidad del problema, de sus raíces antropológicas. Es decir, hemos cambiado de "antropología de referencia" para explicarnos las cosas más inmediatas y elementales, como lo es el matrimonio, pero, derivadamente, lo que signific *familia*, *persona* y, necesariamente, *sociedad*. El texto sirve entonces como atestación del cambio cultural que estamos viviendo, del cambio de paradigma, de lo que sucede cuando se abandona un relato de referencia para adoptar otro discordante y crítico respecto del anterior.

La actitud de repudio a lo precedente es lógica, nuevamente nos sirve el símil del matrimonio: es como preguntarle a una persona casada por segunda vez sobre cómo fue su primer matrimonio; normalmente tenderá a exaltar las de ciencias del primero, para enaltecer al segundo, pero ¡cuidado!, no nos vaya a salir como Enrique VIII o Liz Taylor, que terminaron cambiando de matrimonio como si se tratara de calcetines. Si comenzamos a experimentar con modelos antropológicos, cuando lo único que tenemos claro es que no queremos el anterior, el resultado puede ser desastroso, pues no es banal cambiar de paradigma de persona, familia y sociedad con ligereza y rapidez.

Por ejemplo, si se cambia la noción de persona, se adopta una antropología de referencia diferente. Tal modificació afecta profundamente la idea de los derechos humanos que tenemos, modific lo que es socialmente aceptable y lo que no lo es. Para ejemplificarl gráficamente resulta socialmente aceptable practicarse un aborto, pero no resulta aceptable no recoger las heces de tu mascota por la calle. Es perfectamente moral, según este esquema, quien aborta a su propio hijo, pero recoge los excrementos de su perro en la vía pública. Resulta incluso algo maleable, pues probablemente, dentro de poco, resulte reprobable éticamente no ser vegano u oponerse a la eutanasia, por haberse modificad en su raíz lo que se entiende por derecho y moralidad.

El presente cambio de relato no supone solamente abandonar una noción de persona humana y sustituirla por otra. Es, en realidad, más profundo, pues implica el abandono del paradigma de la verdad, es decir, de considerar la verdad como uno de los bienes fundamentales de la sociedad, la vida y el mundo. Se cambia el paradigma de la verdad por otro antagónico, de la libertad sin responsabilidad y de los derechos sin obligaciones. No es solamente que ya no se entienda ahora a la verdad como valor supremo y que se sustituya por la libertad, finalment otro bien fundamental, sino que actualmente se recela y se sospecha de la verdad, se la considera enemiga de la democracia, del pluralismo y de la tolerancia. Encierra en sí misma cripto-violencia, cerrazón e intolerancia. Ya no se puede disentir, ya no se puede corregir, ya no se puede aconsejar, pues todo ello supone la orgullosa posición de considerar que uno está en posesión de la verdad, mientras que los demás adolecen del error. Sería una postura orgullosa y poco cívica.

Obviamente, la postura de rechazar a la verdad y ensalzar la libertad y la diversidad es revisable. No resiste los mismos argumentos que se emplean para defender el principio de no-contradicción. Es decir, "es verdad que no hay verdad". No se puede vivir ni pensar sin la aspiración a la verdad, supuesto de cualquier diálogo coherente. Pero resulta una sutil forma tendenciosa de manipular e imponer por decreto y sin el debate algún tipo de ideología subrepticia, en este caso, perfectamente identi - cable con los dogmas de lo políticamente correcto. Terminas siendo libre solamente de pensar como todos deben pensar. La disidencia es castigada con el linchamiento mediático o con la ley del hielo: nadie está dispuesto a escucharte ni a transmitir tu mensaje. Tu libertad queda reducida al estrecho espacio de tu interioridad, al mejor estilo de las dictaduras fascistas, nazistas o comunistas, sin nada del aparato de represión política. Se trata de una represión limpia.

Modificad profundamente la noción de "familia" y exaltado el individualismo, las personas deambulan excesivamente solas en la sociedad. El individuo ya no tiene intermediarios críticos frente al Estado o, más precisamente, frente a lo "políticamente correcto". Toda la estructura de medios de comunicación y redes sociales ejercen un fuerte control sobre aquello que puede o no decirse. La dictadura de lo políticamente correcto termina por restringir drásticamente las libertades de expresión y religiosa. El individuo está solo, ya no tiene un hogar, es más controlable, si no por el Estado, sí por el algoritmo de la inteligencia artificia y el *political correctness*. Las formas de control superan ahora las fronteras de los países, sirviéndose de los medios tecnológicos de comunicación. Puedes ser despedido de tu trabajo por una publicación en Twitter o Facebook. O pueden borrarte de Twitter y Facebook si tus opiniones son excesivamente discordantes con el canon socialmente aceptado.

En efecto, los medios de comunicación, las redes sociales, los algoritmos propios de la Inteligencia Artificial los monopolios tecnológicos pueden ejercer un fuerte influj sobre los individuos, una especie de exhaustivo y extenuante marcaje personal, del cual resulta poco menos que imposible evadirse, dado que los necesitamos prácticamente para todo. De esta forma, ya no es el Estado quien te controla; de hecho, el sistema de control es supranacional.

Las temáticas abordadas en estas páginas atraen el interés de la opinión pública y de los jóvenes, porque representan manifestaciones de la crisis del cambio de paradigma. Son los puntos conflict vos, donde se evidencia la ruptura entre un modelo de hombre, familia, sociedad y cultura, que es sustituido por otro. Sencillamente, en estos temas aflo a la factura dolorosa que deja el cambio de relato encargado de dotar de significad a la vida y el mundo. No se configu a como algo inocuo, sino como una dolorosa metamorfosis. De alguna forma, la polémica pone en evidencia lo doloroso que suele ser tomar conciencia de abandonar una forma de vida y de ver al mundo, para ser sustituida por otra, y el proceso crítico que aquello comporta. Por eso, estos temas no suelen dejar indiferente al auditorio, pues de fondo se pregunta, más o menos conscientemente, si el nuevo modelo es realmente mejor que el anterior, y hasta dónde nos llevará todo este cambio.

¿Qué tan honda es la factura? ¿Son definit vamente irreconciliables los modelos? ¿Las narrativas son necesariamente antagónicas o cabe alguna mediación? En las páginas siguientes se exploran algunas líneas de sutura, se intenta proponer algunos puentes de diálogo entre las diversas versiones de la vida. No resulta sencillo, pero puede tomarse como punto de partida el valor de verdad que suele tener cualquier postura. Todo error, si busca convencer de alguna forma, tiene que adoptar la apariencia de verdad. Es decir, el cambio de paradigma obedece a algunos motivos más o menos serios, a diversas intuiciones, tiene detonantes. ¿Tienen algún valor de verdad? Parece ser que sí, si no, no serían capaces de convencer y cautivar.

Es decir, el presente texto busca, conscientemente, generar una empatía, intentar comprender las razones de quien no comparte nuestro punto de vista, ver si es posible encontrar un punto intermedio, un punto de unión, una causa común, un reclamo conjunto. ¿Por qué? Porque en la dimensión humana no solemos funcionar con un sistema binario: verdadero/falso, bueno/malo, correcto/erróneo; por el contrario, hay matices y un amplio margen de indeterminación. Es posible que quien no piensa como yo haya descubierto algún aspecto de verdad que yo desconozca y que felizmente podamos compartir y resultar finalment enriquecidos ambos. En un debate no necesariamente hay vencedor y vencido, pues ambos contendientes pueden estar en búsqueda del único galardón común y compartirlo, la verdad.

Para tender puentes resulta de gran utilidad tener una sana autocrítica y una actitud abierta a comprender las razones diferentes de quien piensa distinto. Las líneas que siguen a continuación se proponen hacer ese esfuerzo. ¿Utopía? ¿Irenismo? ¿Sincretismo? ¿Ingenuidad? Lo podrá juzgar el amable lector al fina del breve libro. De todas formas, adelanto una interesante observación crítica que se me ha hecho durante el proceso de redacción final Un agudo intelectual me ha hecho notar que es vano todo intento de tender puentes entre ambas narrativas para llegar a una visión de consenso común, donde ambas visiones salgan ganando, y se mantenga una cierta vigencia de algunas perspectivas clásicas de la cosmovisión cristiana del mundo. ¿Por qué? Porque parten de dos visiones metafísicas y antropológicas inconciliables en la práctica.

La visión cristiana parte de una metafísica de la comunión, donde día a día cobra más relevancia el accidente "relación". El hombre es un ser relacional, que encuentra su plenitud en el encuentro con los otros y alcanza su plenitud y felicidad con el don de sí, muchas veces generoso y sacrificado Reconoce en consecuencia un valor ético y existencial a la renuncia, al sacrificio a la entrega. En esta perspectiva el infiern es la soledad, el cerrarse a los otros, pues se clausura así la trascendencia y por tanto el sentido. Desde esta antropología, por ejemplo, la vida de una mujer que se ha gastado formando una familia numerosa, criando a sus hijos, es plena, está colmada de sentido y significado es feliz, no a pesar de las renuncias y sacrificios sino precisamente por ellos.

Por contrapartida tenemos la metafísica y la antropología de la narrativa ascendente. Es marcadamente individualista y subjetiva. El valor absoluto es la realización personal, a cualquier costo, la cual se va consiguiendo a través de experiencias, a ser posible intensas. El único criterio es evitar el sufrimiento, el dolor, el sacrificio Se trata de una libertad pura, que no se vincula a nada, no se ata, conserva siempre su plena capacidad de decisión y determinación. Desde esta perspectiva sólo se admite el máximo placer, la máxima utilidad, la vivencia personal. Aquí no encuentra cabida la vida cargada de sacrifici que supone sacar adelante una familia, las renuncias que comporta, ni el vínculo que crea, porque finalment resulta opresivo, odioso, impone obligaciones, crea lazos, limita la libertad. Se trata de un individualismo radical y de una libertad incondicionada; nada puede limitarla, ni nuestras propias palabras o decisiones anteriores, siempre está abierta a cambios. El sujeto no se concibe como relacional, la relación es un límite que se puede tornar opresivo, sino como un sujeto libre, una pura individualidad.

Como el punto de partida está en la raíz, finalment serían visiones inconciliables. ¿Es posible tender un puente? ¿Se trata de una quimera? El lector lo juzgará. Considero valida la observación, no sé si la comparto plenamente, sin matices. De la perspectiva que se adopte se desprende el papel que se va a jugar frente a la narrativa imperante. ¿Es de radical rechazo?, ¿de denuncia persistente? ¿No se puede hacer nada en conjunto, no hay puntos en común? Nuestro papel en la sociedad sería entonces exclusivamente de crítica, denuncia y rechazo. Nos configu amos entonces como una resistencia cultural, impermeable, que progresivamente se convierte en un *ghetto* irrelevante, cada vez más estrecho. ¿Se configu a acaso como una resistencia política, que sólo busca patear el tablero, porque en las condiciones actuales resulta imposible el diálogo?

En cambio, si se adopta la postura del diálogo, el desafío está en entender hasta dónde puedo llegar, sin perder mi identidad, y si finalment ello resultará valioso para la sociedad, pues permitirá rescatar algunos elementos de la tradición precedente, así como crear una fecunda sinergia en otros ámbitos sociales. Al mismo tiempo, supone el aprendizaje de vivir en un mundo distinto respecto del que hasta ahora hemos tenido, con unas reglas que no dependen de uno, y muchas veces uno no comparte. Parece no quedar otra opción que aprender a manejarse con esas reglas nuevas o caer en el ámbito de lo aislado e irrelevante.

Corresponde al paciente lector hacer su elección de alternativa teórica y práctica. Lo que parece no depender de nosotros es el cambio de narrativa, lo que sí depende es nuestra posición y actitud frente a la nueva historia que da sentido a las distintas historias.

Ahora bien, el dolor y la crisis que suscita el cambio de modelo, pueden hacernos reflexiona sobre su carácter necesario. ¿Es la historia un proceso inexorable o se puede revisar y reconducir? El presente texto intenta formular una reflexió crítica acerca del ambiente que estamos viviendo, con el deseo de mitigar sus efectos nocivos, al descubrir sus legítimos reclamos, cribándolos de elementos menos idóneos, para configu ar así el mundo en el que queremos vivir.

Se parte del presupuesto de que no se trata de un proceso necesario e inevitable, quedando todavía la capacidad en los individuos para reconducirlo, de la razón para criticarlo y de la libertad del sujeto para dirigirlo. No estamos inermes frente a un proceso impersonal y necesario. Podemos limitar los elementos nocivos del cambio de paradigma y rescatar aún los elementos positivos, útiles para la convivencia y para la vida, del esquema anterior, sin necesidad de ser calificado de reaccionarios o revisionistas, sino más bien, de humanistas.

Se busca discernir cuáles son los "signos de los tiempos", los reclamos legítimos del cambio de paradigma, para asimilarlos desde una perspectiva cristiana y humanista de fondo. En este proceso, es fundamental el diálogo, la empatía, intentar comprender los motivos del cambio de perspectiva, para mostrar cómo la visión cristiana de la realidad puede ofrecer todavía respuestas reales. Es fundamental mantener abiertas las puertas del diálogo, no dar por zanjada la discusión, porque de esa forma la gente puede comparar y decidir cuáles elementos siguen siendo valiosos.

La vida misma nos muestra que es mejor la alternativa de la comunión, la relación, el don de sí, aunque incluya el ingrediente del sacrificio El individualismo a ultranza no da más de sí y produce una sociedad desencantada y triste, cuyos macabros frutos maduros son la caída de la natalidad y la eutanasia, ambas realidades que manifiesta   el hastío de vivir. Es preciso evidenciarlo, para que por ella misma la sociedad vaya, poco a poco, progresivamente, rectificando sanando. Es verdad que siempre queda la duda, ¿cuál será el costo del error?, ¿estamos todavía a tiempo de rectificar O si acaso el mal ya es irreparable. No nos queda sino confia en la conciencia del hombre y en su capacidad de verdad, sin olvidar que "la verdad no se impone de otra manera, sino por la fuerza de la misma verdad, que penetra suave y fuertemente en las almas" (Concilio Vaticano II, *Dignitatis humanae*, n. 1).

La intuición cristiana es que sólo Cristo "manifiest plenamente el hombre al propio hombre y le descubre la sublimidad de su vocación" (Concilio Vaticano II, *Gaudium et spes*, n. 22). Es decir, el hombre de cualquier época, independientemente del paradigma o la narrativa vigente, encuentra en Cristo las respuestas más profundas para su existencia. Sólo Él comprende lo que hay en el fondo del corazón humano. En ese sentido, el paradigma puede cambiar, pero sea cual fuere, Cristo siempre podrá ofrecer una respuesta relevante al hombre concreto, en sus circunstancias históricas.

Por ello es de suma importancia mantener abiertas las puertas del diálogo e intentar una fusión de paradigmas, donde los nuevos problemas y las nuevas visiones del mundo puedan encontrar una respuesta oportuna en las verdades del evangelio. Ahora bien, cada persona debe descubrir si la luz del evangelio arroja luces a su vida; el presente texto intenta reflexiona sobre los problemas acuciantes de la realidad contemporánea desde una racionalidad cristiana. Jesús es el "Verbo", el "Logos", la "Razón", y por ello, el camino del cristianismo es el de la racionalidad humana que se adecua a los reclamos de cada momento histórico. Aspira a ser, en consecuencia, un espacio de diálogo y un intento de tender puentes entre dos narrativas antagónicas en busca de una común verdad.

I
Familia

La familia es una de las instituciones más golpeadas en el mundo contemporáneo. Al mismo tiempo, paradójica y trágicamente, es de las más relevantes para que el individuo sea feliz y la sociedad funcione. Sin temor a exagerar, podemos decir que una familia enferma produce sociedades enfermas y es muestra de que las personas están enfermas.

En efecto, no es por ser pesimistas, pero las personas están enfermas de individualismo, lo que las hace estar heridas. De esta forma, se incapacitan para formar una familia, misterio de comunión, modelo de la relación. El resultado es una sociedad compuesta por individuos aislados, cual puntos autónomos, pendientes de su libertad, pero ineficace para crear lazos estables y relevantes, de forma que van a la deriva en su soledad, incapaces de crear la necesaria comunión comunitaria. "El malestar en el Estado del bienestar y una epidemia de tristeza" es el resultado de tan hondas heridas.

Por eso, es fundamental ofrecer un análisis y una reflexió sobre la familia, pues nos va en ella el futuro de la sociedad y la felicidad de sus integrantes. Para eso es preciso señalar las causas de la crisis y resaltar el atractivo de una familia sólida, estable, bien constituida, tanto para los individuos como para las colectividades. No sobra, en este empeño, evidenciar también la componente de fe que puede animar a los hogares, o ayudarles a resolver sus crisis. Las siguientes líneas están encaminadas en esa dirección.

La oración de las familias

Poco se ha escrito acerca de la fuerza de la oración en familia. Mucho se habla, en cambio, de la batalla de la familia; es decir, del empeño decidido por defender la auténtica identidad de la institución familiar, aquella que ha mostrado su eficacia biológicamente para la supervivencia de la especie, antropológica y psicológicamente para brindarle un hogar al ser humano, de forma que pueda desarrollarse plenamente y tenga menos obstáculos para alcanzar su felicidad. Dicha batalla es improrrogable y cada día más urgente, pues una estudiada campaña mundial difunde, continua y masivamente, una inmensa cantidad de mentiras al respecto, suficientement bien urdidas, de forma que tienen apariencia de verdad. Es fácil dejarse engañar y ser víctima de la manipulación; no es sencillo descubrir, entre la abrumadora cantidad de datos equívocos, dónde está el engaño y dónde la verdad sobre el amor y la familia.

Pero, junto a esa necesidad que tiene la familia por defender su identidad y promoverla, es preciso difundir "El Evangelio de la Familia: Alegría para el Mundo", lema del Encuentro Mundial de las Familias, celebrado en Dublín, Irlanda. Es decir, además de señalar los errores, de hacer oír nuestra voz sobre lo que no estamos de acuerdo, es preciso también ser propositivos. No basta quedarse en una crítica negativa, en general, no es bueno ser "anti-nada". No podemos olvidar que tenemos una identidad precisa, que ofrecemos un producto probado y atractivo, que la verdad en el fondo es anhelada por todo corazón humano, y si bien a veces resulta ardua, dolorosa o difícil, siempre es bella y libera. Por ello, no podemos quedarnos en señalar los errores contemporáneos que amenazan con diluir la identidad de la institución familiar, es preciso también cantar la belleza de la familia y difundir, en forma atractiva, su verdad.

Esta última idea es fundamental: "decir la verdad, con caridad", resaltar la belleza y el atractivo de la verdad, pues también puede hacerse de ella una herramienta arrojadiza para zaherir a quien no comparte la propia perspectiva. Sería una forma de traicionar la verdad sirviéndonos de ella misma; una sutil forma de prostituirla, haciéndola instrumento de violencia, división, o detentándola con orgullo y suficiencia menospreciando a quienes la desconocen. Por eso la batalla de la familia se complementa con la evangelización sobre ella misma. Una estudiada forma de predicar el evangelio de la familia, el evangelio del amor, de forma atractiva, amable, de hacer que la belleza del ideal cristiano luzca por sí misma. Para ello ideó san Juan Pablo II los encuentros mundiales de la familia, para eso fue Francisco a Irlanda, a presidir su versión 2018.

Pero junto a la belleza del ideal familiar cristiano, ideal a la par realista, arduo y atractivo, a veces se soslaya la fuerza de la oración familiar. Si siempre ha sido "poderosa" la oración de las madres (de la Virgen Santísima a santa Mónica –el encuentro concluyó en la víspera de su fiesta tenemos abundantes ejemplos), lo es más la oración de toda la familia unida. ¿Cómo será la fuerza de la oración de centenares de miles de familias reunidas en torno al Papa, para pedir por el santuario de la vida, que es la familia?, ¿cómo será la fuerza de esa oración para preservar la identidad de esa institución, absolutamente imprescindible para que el hombre pueda alcanzar su felicidad en esta vida y también en la otra?

Por ello, el Encuentro Mundial de las Familias, que tuvo lugar en Dublín del 21 al 26 de agosto, culminó con la santa Misa precedida por el Papa. La eucaristía sirvió para recordarnos: está muy bien todo lo que hacen por la familia, toda su lucha para preservar su identidad, todos sus esfuerzos cotidianos para vivir conforme a un ideal tan elevado, bello y atractivo; pero no olviden que lo principal no es lo que el hombre hace, sino lo que hace Dios. Por eso, para que el hombre de hoy redescubra la belleza de la familia, es fundamental difundir el evangelio de la familia, más importante vivirlo, pero lo esencial y definit vo es, y lo será siempre, rezarlo, la oración. Una oración que se enriquece exponencialmente si se realiza en familia, y cuyo efecto multiplicador y esperanzador es grandioso, si a los centenares de miles de familias, que en torno al Papa claman a Dios por defenderla, nos unimos, alrededor del mundo, todos aquellos que valoramos y aspiramos a preservar la belleza y el valor de tan maravillosa institución; mejor aún si lo hacemos en familia.

La maternidad en la encrucijada

Es lugar común considerar el Día de la Madre como una "pequeña Navidad", por la impresionante actividad comercial que genera. En efecto, pienso que a todos nos da alegría poder celebrar a nuestra madre y, en general, si hay algo sagrado para nuestra cultura es la madre, de forma, por ejemplo, que nadie tolera, justamente, que le falten al respeto. La expresión comercial de ese fenómeno cultural cristaliza en la efervescencia consumista característica de estos días.

Sin embargo, la cultura contemporánea mantiene una actitud ambivalente, cuando no ambigua frente a la maternidad. Se da, en efecto, una paradoja: lo más valioso para alguien suele ser su madre, pero cada vez menos mujeres quieren ser mamás. O, formulado diversamente, siendo la maternidad en principio lo más grande, lo más reconocido, lo más querido (por lo menos cuando se acerca el Día de la Madre), para muchas mujeres viene a ser también, en ocasiones, "lo más temido", un obstáculo para su "realización".

La cultura hodierna ofrece dos mensajes discordantes sobre la maternidad: como algo invaluable, que debe aprovecharse en clave consumista, y como una limitación en el proyecto personal de una mujer, un límite a su "realización". Esto último está lejos de ser una impresión subjetiva, sino que se materializa incluso en los usos del lenguaje. En efecto, actualmente cuando a una mujer le preguntan "¿te cuidas?", "¿te estás cuidando?", no se refiere a los ladrones, los violadores, los estafadores... La pregunta se refier a los hijos. En realidad, es la expresión abreviada y eufemística de "¿te estás cuidando para no tener hijos y no ser madre?".

Ese "cuidarse" de la maternidad y de los hijos va mucho más allá de un uso lingüístico generalizado, pues se convierte muchas veces en una presión social, familiar, profesional e incluso médica. La esquizofrenia social resulta patente: la madre es lo más sagrado y, a la vez, lo más temido, evitado, minusvalorado. Existen de hecho "estándares de maternidad" o, por llamarlo de algún modo, "criterios políticamente correctos de lo que debe ser la maternidad". Entre estos criterios se pueden mencionar: no ser madre demasiado pronto, es decir, mejor en la década de los treinta. No ser demasiado fecunda, pues se ve mal tener más de dos hijos. Uno, o dos como máximo, mejor si es "la parejita", y párale de contar, pues tener más puede ser calificad de "irresponsabilidad" (¡somos tantos en el mundo!, ¡hay tan poca agua!, ¡depredamos las otras especies!), olvidando que con tan estrechos estándares no garantizamos ni siquiera el relevo generacional que es de 2.1 hijos por pareja (suena horrible esta expresión, pero, en fin es la que está en boga). Lo "políticamente correcto" en este tema nos conduce lenta, pero inexorablemente, a la extinción como especie.

Antes era normal celebrar un nuevo embarazo. Ahora puede dar lugar a burlas, comentarios irónicos o sarcásticos en el entorno familiar o social. Algunas empresas preguntan durante las entrevistas de trabajo a las mujeres si tienen pensado embarazarse, para descartarlas como candidatas al puesto si la respuesta es afirmat va; es decir, se da de hecho una auténtica discriminación laboral para la mujer que aspire a ser mamá. Los médicos no se quedan atrás, pues si la mujer ya cumplió con la "meta ideal" de los dos hijos, le preguntan insistentemente, muchas veces durante los trabajos del parto –es decir, en un momento claramente inoportuno, de gran vulnerabilidad y angustia– si no quieren aprovechar para ligarse, aun cuando antes hayan dicho expresamente que no, y la misma escena se repite cada nuevo parto. La presión médica a la maternidad suele servirse muchas veces de un terror provocado: se fomentan las cesáreas (más cómodas, mejor remuneradas), y después se amenaza con peligro de muerte a las mujeres si se vuelven a embarazar. Es como para tenerle terror a la maternidad, pues nadie quiere dejar una estela de huérfanos.

Por ello, al celebrar el Día de la Madre, más allá de la consabida invitación a comer y el regalo caro, quizá compense "recuperar culturalmente" el invaluable valor de ser madre y volver a proponerlo como "la más alta realización de la mujer" y el "mejor servicio a la sociedad". Y lo ideal, obviamente, es que enarbolara dicha empresa a la par magnánima y contracultural, el auténtico feminismo, el feminismo verdadero que se interesa por la mujer y valora a la mamá.

Recuperar al padre

El eclipse del padre ha producido el eclipse de Dios en la sociedad. El resultado es un sentimiento de orfandad manifestado en la falta de referencias firmes lo que vivencialmente se experimenta como un ir a la deriva. Cuando muchos individuos viven así, a la deriva, la sociedad entera se encuentra sin rumbo, presa del primer hábil que logre imponer su ley, su visión de la realidad.

No es una metáfora, es la conclusión a la que ha llegado el psicólogo Paul C. Vitz en su estudio: "La fe de los que no tienen padre. Psicología del ateísmo", donde señala que un elemento común entre los grandes promotores del ateísmo de los siglos XIX y XX, es una relación conflict va o carencia de relación con su padre. La ausencia de la figu a paterna o, peor aún, su encarnación perversa, conducen a dudar de Dios. Esa ausencia de lo sobrenatural nos deja sin criterios claros para orientar nuestra existencia en particular y la sociedad en general. La espiral del permisivismo se desenfrena, propicia el fracaso existencial de muchas personas, y el naufragio moral de sociedades enteras.

Por ello, a pesar de ir contracorriente, a pesar de ser "políticamente incorrecto", a pesar de que finalment sea sólo una excusa comercial para aumentar las ventas en junio, es muy conveniente revalorizar el papel del padre. Incluso para la fe cristiana, pues estamos acostumbrados a tratar a Dios como Padre, y ello no por capricho sino por revelación divina; sin embargo, al oscurecerse la figu a paterna, uno no sabe finalment qué signific eso. No comprendo a Dios porque no entiendo el papel y la función del padre en la vida. Y, a la inversa, nadie nace sabiendo ser padre. Es un arte que debe aprenderse y del que nunca se puede llegar a la cima, pues el modelo es Dios mismo. Para ser un buen padre, resulta muy conveniente tratar a Dios, hacer oración, pues ello ayuda a descubrir la envergadura de la misión recibida y la confianz depositada por Dios para hacer amable y accesible la figu a divina.

Paternidad quiere decir *origen*, *origen* signific *identidad*. Saber quién soy y de dónde vengo es imprescindible para tener puntos de referencia estables y decidir, con conocimiento de causa, hacia dónde quiero ir, qué es lo mejor y más conveniente para mí. Carecer de esa referencia deja a las personas sin ese respaldo, ese suelo firm que les permite proyectar la propia existencia.

Pero, ¿cuál es la causa de la crisis de la paternidad? En realidad, es muy profunda, más de lo que podría apreciarse superficialmente No es sólo resultado de la crisis de autoridad, por ver a la figu a paterna como represiva e inhibidora de las propias potencialidades, llegando en casos patológicos a suplantar la personalidad del hijo por imponerle los propios valores y el propio ideal de vida. Ese paternalismo patológico conduciría a que los hijos no vivan sus vidas auténticas, sino que opresivamente cumplan un guion ajeno fijad por sus padres. Pueden darse abusos en este sentido, de hecho, se han dado, pero hacerlo regla general e incluso necesaria en el ejercicio de la paternidad es una falacia, un gran engaño.

Perdida la autoridad, se pierde la referencia y la orientación. La crisis de autoridad reflej la crisis de la verdad. No se acepta la verdad, pues se percibe como imposición; no tolero algo previo a mí que pretenda condicionar en modo alguno mis decisiones; no me agrada la realidad, prefier mi capricho. La figu a paterna es imagen de esa realidad que me precede y no depende de mis deseos; si quiero darle prevalencia a estos últimos, debo prescindir del padre, de la autoridad, de la verdad que condiciona mi libertad. Si hay verdad, mi libertad no es absoluta; la autoridad se percibe como límite de mi libertad. El error de esta visión es contraponer verdad con libertad, pues "la verdad nos hace libres" como reza el evangelio. Somos libres, pero nuestra libertad está situada, no es absoluta, aunque nos pese. La autoridad no necesariamente es represiva –puede llegar a serlo–, encauza muchas veces nuestra libertad para que no se malogre víctima del propio capricho. El padre es necesario para que sepamos armonizar ambos valores: libertad y verdad, y la autoridad unida al cariño imprescindible para hacernos amable, atractiva y asequible la virtud, como ejercicio pleno de nuestra libertad. Allí estriba el arte de ser padre.

Dinkys

No kids double income es el *leitmotiv* de un grupo creciente de profesionales jóvenes y no tan jóvenes que han renunciado a procrear para poderse dedicar más intensamente a su labor profesional y a su relación amorosa. Amor, trabajo y éxito, en definit va, no serían compaginables con las onerosas tareas propias de la crianza. La difusión de este modelo social pone en evidencia un inquietante cambio de paradigma, cuyas consecuencias económicas, políticas, sociales, psicológicas y antropológicas apenas alcanzamos a entrever.

Obviamente, sin inmiscuirse abusivamente en la vida de los demás, como sociedad podemos reflexiona sobre la dirección que estamos tomando y adelantar algunas observaciones críticas en orden a mejorarla o, por lo menos, prever las consecuencias de las nuevas formas de organización.

Además, si uno es existencialista, como Sartre, sabe que sus propias decisiones no sólo lo deciden a uno mismo y su libertad, sino que en cierta forma elegimos a la humanidad entera, pues al elegirnos, señalamos aquello que consideramos mejor, valioso, excelente, rechazando en cambio lo que nos parece sin valor. Al elegirme, elijo a la humanidad entera y ofrezco un modelo y una escala de valores determinada. Si uno es cristiano sabe que no puede vivir de espaldas a la sociedad y a las grandes cuestiones de la humanidad. Nada ni nadie me debería resultar indiferente, deben encontrar acogida en mi corazón y en mi vida todas las legítimas inquietudes que anidan en el corazón humano, de forma que el corazón cristiano tome la forma del de Cristo. Es decir, sea un ateo existencialista o un cristiano coherente, debo interesarme por el rumbo que toma mi sociedad y ofrecer responsablemente mi libre contribución ciudadana al debate social.

Una primera observación al proyecto Dinky es que descansa en un error, tiene un punto de partida cuestionable. Antropológicamente es falso su presupuesto. ¿El fi de la vida es el éxito profesional? ¿Son los hijos enemigos del amor de la pareja? ¿La felicidad es algo exclusivamente personal, es decir, los otros son sólo o peldaños o estorbos? Interesantes estudios antropológicos, como la investigación de campo realizada por la Universidad de Harvard por más de 75 años, sobre una base de 724 hombres acerca de su vida y su felicidad, han mostrado cómo no es el éxito ni el dinero lo que hace felices a las personas, sino el tener relaciones estables de calidad. Entre más amplio sea mi entorno de personas relevantes, es decir, familia y amigos cercanos, más probabilidades tengo de tener una ancianidad feliz y, a la inversa, entre más solo me encuentro y con menos vínculos sociales, más proclive soy a la desdicha. El proyecto Dinky parece haber cedido acríticamente a un modelo individualista y consumista de felicidad, políticamente correcto, pero con graves inconsistencias.

El eslabón más débil dentro del proyecto Dinky es la mujer. El hombre puede replantearse su voluntaria esterilidad mucho más tiempo que la mujer. Si una mujer a los 40 años decide cambiar de paradigma, ya llegó tarde, o tendrá que recurrir a cuestionables prácticas, como a la congelación de óvulos o a vientres de alquiler. Al elegir este proyecto, en un momento de embriaguez, energía y vida, propias de la juventud, olvida los aciagos años en los que no tendrá tanta energía y padecerá en cambio una inmensa soledad.

Para la sociedad es también un problema esta elección, si se va difundiendo masivamente, pues no garantiza el relevo poblacional y crea situaciones injustas, porque finalment serán los hijos de quienes no asumieron el modelo Dinky quienes carguen con el peso de los dinkys en su vejez.

La solución no es sencilla. Ha habido tantos años de propaganda en contra de la maternidad (Ahora los Ministerios de la Mujer eliminan el Día de la Madre, ¿a cuál mujer representarán?), que no resulta sencillo invertir la tendencia. Culturalmente nos hemos encargado de transmitir un mensaje claro: "los hijos son una carga". Por ello, resulta indispensable volver a proponer la maternidad como una forma de auténtica realización femenina y un invaluable servicio para la sociedad. No hace mucho Carlos Slim sugería retribuir económicamente a las amas de casa. Es urgente dotar a la maternidad y a la familia de más apoyos económicos, políticos y culturales.

Ancianos y millennials

Todos nosotros hemos tenido abuelos y es probable que convivamos con personas ancianas. ¿Qué papel despliegan en nuestras vidas?, ¿qué valor otorgamos a sus vidas?, ¿qué riqueza y oportunidad esconde su existencia? El Papa Francisco se ha tomado muy a pecho rescatar la figu a del anciano, del abuelo, defendiéndola de lo que expresivamente llama "cultura del descarte". Y es que, efectivamente, pareciera que en la cultura contemporánea no hay lugar para ellos, más incluso, es como si estorbaran e hiciera falta alguien con el valor y la audacia suficiente para reclamar su eliminación. Si bien todavía no llegamos a tanto, con frecuencia podemos excluirlos o, simplemente, darles la espalda. ¿Es lo correcto? ¿No estoy cometiendo una tremenda injusticia y dejando pasar una maravillosa oportunidad si lo hago?

La presente reflexió surge del contacto directo con los ancianos. He tenido la fortuna de vivir, puerta a puerta durante varios años, con uno de noventa años. Me ha tocado acompañar a varios en la recta fina de su vida, y acabo de disfrutar de la maravillosa compañía de uno, que estos días cumple 94 primaveras. Reflexionand un poco sobre estos hechos, he caído en la cuenta de lo muchísimo que me han aportado, de lo que he aprendido, de lo que me han humanizado. Ellos casi no se daban cuenta, al contrario, solían estar agradecidos por algún sencillo servicio material que les prestaba, sin darse cuenta del inmenso servicio espiritual que me aportaban, muchas veces reviviendo, literalmente, a mi alma que parecía muerta. Las pocas cosas en las que podía serles de utilidad colmaban de contenido la trama de unos días vacíos.

Ahora bien, la aportación invaluable que daban a mi vida, muy bien puede ser una enseñanza válida y perenne para la sociedad. Lo que individualmente me beneficia puede también ser una valiosa aportación sobre el sentido de la vida y el reconocimiento de lo auténticamente humano, en una sociedad desbocada que ha perdido su brújula moral al caminar alegremente por la vía del nihilismo. La sociedad competitiva a ultranza, de la eficacia de la apariencia, del culto al vigor físico y a la belleza superficial del individualismo salvaje, nada tiene que decirle ni aportar a un anciano. Lo rechaza como a un cuerpo extraño, lo ignora, lo esconde en la nebulosa de lo que aparentemente no existe. Quizá se deba a que su sola presencia desmiente los postulados básicos sobre los que se edifica muestra lo falaz de sus fines pone en evidencia que, en realidad, se trata de una inhumana cultura construida por humanos.

El sentido de la vida, el valor inconmensurable de la misma, el descubrimiento de lo auténticamente humano son algunas de las cosas que, como por ósmosis, transmite el contacto cercano y habitual con un anciano. No es únicamente la extraordinaria ayuda que supone su sola presencia, como memoria viva, para saber quiénes somos, de dónde venimos, para así proyectarnos, de modo realista y con los pies en el suelo, a un futuro esperanzador. No es sólo el valor de su experiencia, que nos ayuda a no cometer los mismos errores o aprender de las oportunidades, confrontando nuestras proyecciones ideales con la agreste realidad. Es también, su ritmo vital, su forma de vida, su sola presencia la que nos impulsa a meditar, a cuestionarnos, a valorar...

Recientemente he tenido la fortuna de convivir estrechamente con el feliz anciano que estos días cumple 94 años. Subrayo lo de feliz, pues también es cierto que alguien puede sumirse en la amargura al llegar a la vejez y volverse un "viejo cascarrabias". Tampoco se puede idealizar al anciano por ser anciano, pues los hay de todos los tipos, como existen personas de todo género, no siempre edificantes Pero nada más maravilloso que un anciano feliz, alegre, optimista, pues su sola presencia grita que la vida vale la pena y es bella. Tanto este anciano de 94, como el otro de 90 con el que conviví largo tiempo, tienen esta característica fundamental: su carácter positivo, animante, el disfrutar con las historias y las vidas de los demás, sin darle importancia a las limitaciones propias. Quizá hago trampa, pues pienso que ambos no sólo son ancianos, sino también santos, y por ello transpiran alegría y deseos de vivir en medio de sus lógicas limitaciones.

Pero, volviendo al de 94, con su paso lento, sosegado; con sus limitaciones: casi no ve, casi no oye; con su empeño en participar de la vida y el esfuerzo de los demás por integrarlo y hacerlo partícipe, transmitía una sabiduría invaluable: Los ritmos de la vida, la paciencia, el valor de la espera, la felicidad en medio de la limitación. Eso nadie te lo enseña ahora, únicamente los ancianos buenos, si los sabes observar y acompañar; por eso es imprescindible redescubrir este tesoro y transmitirlo a millennials y generación Z, para que no equivoquen su camino en la vida, pues tenemos sólo una.

Heridas e ideales juveniles

Hemos sido testigos del incremento de protestas estudiantiles. Podemos estar en favor o en contra, indignarnos o secundar su causa, en cualquier caso, pienso que podemos sacar, por lo menos, dos cosas en claro: el incremento en el activismo supone necesariamente un resurgimiento de los ideales; grandes sectores de la juventud están heridos, comienzan la vida en un clima de conflict y experimentan un enorme hueco en el corazón.

Podríamos cuestionarnos si los ideales que enarbola la juventud activista en la actualidad son correctos, podríamos sospechar que en realidad están siendo manipulados, piloteados a distancia, utilizados como tontos útiles por oscuros e inconfesados sistemas de poder político y económico. Es verdad. El tiempo lo dirá y pondrá en evidencia los sucios manejos, el teje y maneje, y quién sale beneficiad de todo este barullo. Pero, en cualquier caso, pienso que es mejor tener una juventud embriagada de ideales, aunque sean equivocados, que una masa abúlica de jóvenes, igualmente manipulados y domesticados, como dóciles consumidores, carentes de una visión crítica sobre la realidad. El ideal supone pensamiento, el pensamiento implica una actitud crítica, el activismo supone salir de la propia comodidad y descubrir que la vida tiene un sentido, que es preciso descubrirlo y que vale la pena luchar por algo.

Ahora bien, ¿cómo corregir el ideal equivocado? No hay recetas, algunos nunca saldrán de su error, otros lo abandonarán por cansancio, pero a muchos más la vida misma les dará experiencia, los despojará de su ingenuidad, los llevará a ser críticos también de su ideal y del modo de reivindicarlo. Podrán, en ese momento, corregir el rumbo, rectifica o de plano cambiar, si descubren que estaban absolutamente equivocados. Cuando enseñas a un joven a pensar y cuando éste descubre que la vida vale y se saborea si se tiene un compromiso y un ideal por el cual luchar, no puedes prever los resultados, pues entra en juego la creatividad de la libertad y lo indeterminado de la existencia.

Aunque la libertad es un riesgo, siempre es mejor que la pasividad. Se puede exagerar en el espíritu crítico, pero supone ejercitarse y pensar, y el resultado de ello es imprevisible. Ahora bien, los jóvenes que comienzan a despertar, que enarbolan ideales en la época de la post-verdad están heridos. Y no porque su vida haya sido muy difícil o hayan estado sometidos a profundas privaciones, más bien al contrario: porque han crecido solos y en un ambiente falso, ideologizado, artificialment creado al servicio de intereses políticos, económicos y culturales soterrados. Se les ha desvinculado de su entorno natural, la familia y se les ha arrojado prematura e inmisericordemente a una sociedad de la apariencia, que los pisa y los corroe por dentro, y que aumenta ese dramático vacío interior.

¿Por qué afirm esto? Cada vez es más frecuente encontrar jóvenes depresivos, medicados, que necesitan ir al psiquiatra o al psicólogo. Jóvenes que no pueden dormir, que sufren en soledad, que han crecido en un entorno familiar disfuncional, carentes de modelos cercanos de lo que signific ser padre, madre e incluso persona. Jóvenes que en su inmadurez han tenido que enfrentar decisiones dramáticas, y así, personas que no pueden comprar una cajetilla de cigarros en la tienda han tenido que decidir si abortan o no, o han aconsejado a sus amigos al respecto. Personas que no pueden viajar sin el permiso expreso de sus padres han tenido que decidir sobre la vida de terceros. Han contemplado el daño y los estragos que el alcohol y las drogas causan en ellos o sus amigos. Han sido inducidos prematuramente a la vida sexual sin que nadie les haya explicado su sentido, a lo más sus madres les han dado un par de condones para que tengan en su cartera. Chicas que han tenido que recurrir a la prostitución para pagar sus estudios universitarios, chicos que han sido testigos de la violencia en las calles o han enfrentado el suicidio de amigos cercanos, etcétera.

El resultado de todo ello es una juventud carente de un modelo claro de lo que signific ser persona, de lo que es la vida y la familia. Han crecido en un entorno hostil, donde sólo se busca hacer de ellos consumidores, dependientes de una multitud de productos superfluos Les han prometido una felicidad espuria y sin sentido. Las protestas sacan a la luz algo que se cuece dentro, llevan a la superfici toda esa efervescencia interior, ese malestar del alma mal gestionado. Por ello, más allá del contenido concreto de sus reclamos, con los que podemos estar más o menos de acuerdo, quizá podamos poner atención en todo ese dolor reprimido e inconfesado, en la situación dramática y confusa en la que han comenzado a vivir, en intentar comprender lo que llevan dentro buscando crear empatía; esforzarnos por desmentir el refrán que sentencia: "árbol que crece torcido, su tronco jamás endereza".

Género: perspectiva, ideología y educación

La Congregación para la Educación Católica, organismo de la Santa Sede que ayuda al Papa en la dirección y orientación de las universidades y colegios católicos, publicó, recientemente, el documento "Varón y Mujer los creó", como una vía para dialogar sobre el tema del *gender* en la educación. Se trata del segundo documento magisterial que aborda expresamente la cuestión del género. En el año 2004 apareció la "Carta a los obispos de la Iglesia católica sobre la colaboración entre el hombre y la mujer en la Iglesia y en el mundo". Un documento señala los límites teológicos y antropológicos de la *ideología de género*, el otro ofrece un discernimiento de sus elementos en orden a proporcionar una adecuada educación de la afectividad.

El texto se sitúa en la tradición del más genuino espíritu cristiano, desea "transformar positivamente los desafíos actuales en oportunidades". En vez de descalifica en bloque, busca reconocer las aportaciones valiosas que las diferentes teorías pueden aportar, distingue con precisión los elementos que no son compatibles con la doctrina de la Iglesia o entrañan manipulación, error o engaño. Para ello se sirve del clásico esquema triple, al estilo Francisco: primero "escuchar", después "razonar", para finalment "proponer".

La sabiduría bimilenaria de la Iglesia sabe reconocer los elementos positivos y las legítimas demandas que laten en las diversas corrientes de pensamiento. En este caso, procura resaltar las aportaciones de la "perspectiva de género". Esto supone un gran paso, ya que es el primer documento magisterial que la acepta como legítima. Distingue la "perspectiva de género", que puede ser muy valiosa, de la perniciosa "ideología de género". Mientras que la ideología se muestra dogmática, exclusivista e impositiva, la perspectiva se propone simplemente ahondar en las diferencias culturales que tienen su origen en el dimorfism sexual, propio de la naturaleza humana.

¿Cuáles serían los elementos positivos de la "perspectiva de género", compartidos por la visión católica de la persona? Fundamentalmente "luchar contra cualquier expresión injusta de discriminación". Esto se concreta, en la tarea educativa, al enseñar a niños y jóvenes a "respetar a cada persona, de modo que nadie pueda convertirse en objeto de acoso". La correcta "perspectiva de género" rescata los valores de la feminidad y los considera aportaciones fundamentales para la sociedad, como son la "capacidad de acogida del otro" y el "sentido y respeto por lo concreto".

El texto también incluye un valiente examen de conciencia y reconoce las limitaciones que, en este tema, de alguna manera ha fomentado la visión religiosa a lo largo de la historia. Entre ellas están las "injustas formas de subordinación" de la mujer respecto del varón, las cuales han producido "cierto machismo disfrazado de motivación religiosa".

A su vez tiene el valor de señalar con nitidez aquellos puntos incompatibles con la doctrina cristiana y con la recta razón y señala con claridad sus peligrosas consecuencias. El problema está no tanto en la distinción entre *sexo* y *género*, sino en su separación dialéctica, la cual supone una innecesaria contraposición entre naturaleza y cultura. El género sería más importante que el sexo, que termina por ser irrelevante. El resultado es una visión negativa del matrimonio entre un hombre y una mujer, de los vínculos y obligaciones que produce, por considerarlos herencia de una cultura patriarcal y un límite a la libertad. Ignora así que "la decadencia de la institución matrimonial está asociada a un aumento de la pobreza y de numerosos problemas sociales, los cuales afectan particularmente a las mujeres, los niños y los ancianos".

El texto denuncia los peligros de la imposición por vía educativa de una forma de "pensamiento único", la cual hábilmente manipula a la opinión pública: "A menudo, de hecho, el concepto genérico 'de no discriminación' oculta una ideología que niega la diferencia y la reciprocidad natural entre el hombre y la mujer". Se instrumentalizan así los injustos sufrimientos de la mujer o de algunas minorías para imponer la propia agenda política. Al hacerlo, se priva a los padres de su legítimo derecho a educar la prole, y se otorga al Estado, desordenada y totalitariamente, un poder absoluto.

Para subsanar este abuso propone "reconstruir la alianza educativa entre la familia, la escuela y la sociedad" y brindar una auténtica educación de la sexualidad y la afectividad. Dicha enseñanza debe profundizar en "el significad del cuerpo" y del sexo, fomentar un sano "sentido crítico en niños y jóvenes ante la pornografía descarada y los estímulos que pueden mutilar su sexualidad".

II
Feminismo

El protagonismo del feminismo en la sociedad contemporánea crece a pasos agigantados. La deuda histórica que tiene la sociedad con la mujer está todavía pendiente de saldar. Estamos, sin embargo, demasiado cerca de los problemas e involucrados en ellos, de forma que no resulta sencillo adquirir la perspectiva necesaria para juzgar las diversas manifestaciones de este movimiento, que involucra realidades disímbolas y heterogéneas. ¿Sucumbirá la feminidad en el altar del feminismo? ¿La única clave de interacción entre los sexos es antagónica, competitiva, dialéctica? ¿Debe la mujer imitar sistemáticamente todo lo que el hombre hace? ¿La noción de sexo será de - nitivamente superada por la noción del género? ¿Qué cuota de culpabilidad le compete al cristianismo en general y a la religión católica en particular en la opresión de la mujer? ¿La maternidad y el matrimonio realmente limitan y oprimen a la mujer impidiendo su desarrollo? Estas líneas intentan ofrecer un esbozo de respuesta a tan importantes cuestiones.

¿Cuál feminismo?

Hay un hecho evidente y lamentable, muy generalizado en Latinoamérica: el machismo, una de cuyas manifestaciones, tristemente frecuente, es la violencia en contra de la mujer. Por contraste, hay también otra realidad patente y esperanzadora, no sólo en Iberoamérica, sino en el mundo entero: el despertar de la mujer. Baste pensar que en un momento coincidieron Angela Merkel, canciller federal de Alemania; Theresa May, primera ministra de Gran Bretaña; Michelle Bachellet, presidenta de Chile; Janet Yellen, presidenta de la Reserva Federal de los Estados Unidos, Dilma Rousseff, presidenta de Brasil, y estuvieron cerca, Hillary Clinton en los Estados Unidos y Margarita Zavala en México. Estamos en el momento de la mujer.

La larga campaña de emancipación y equidad está dando frutos maduros de igualdad. Ahora bien, como toda realidad humana, el feminismo no es perfecto y tiene, ha tenido y seguramente tendrá adherencias extrañas que amenazan desvirtuarlo e incluso corromperlo. Cuando se extrapola o crece desmesuradamente, se vuelve monstruoso, agresivo, destructor. Puede producir, valga la metáfora, una especie de Uróboros (bestia mítica, en forma de dragón, serpiente o gusano que se devora a sí misma). Así vemos, por ejemplo, cómo el feminismo radical ha conseguido, entre otros "logros", que los hombres puedan entrar en el baño de mujeres (y viceversa, aunque no creo que ellas tengan especial interés en hacerlo).

Estos extremos absurdos, consagrados por medio de leyes inicuas, impuestas sin ninguna especie de consenso, como manifestación de prepotencia, no son, sin embargo, extraños al feminismo. En efecto, varias corrientes feministas se caracterizan desde sus inicios por ser muy radicales. Pensemos en algunas de ellas, cuya herencia sigue viva y pujante en la actualidad. Margaret Sanger, fundadora del IPPF (International Planned Parenthood Federation), la multinacional que promueve el aborto y lucra con ello, afirm que la mujer debe ser libre de "la esclavitud de la reproducción". Para ella, "una raza libre no puede nacer de madres esclavas"; la familia oprime a la mujer, no la realiza. Nótese la "positiva" visión que tiene de la maternidad. Su pensamiento se ha prolongado a través de Shulamith Firestone que afirm taxativamente: "el objetivo fina de la revolución feminista es la eliminación de la distinción de los sexos". Por lo pronto ya eliminó la distinción de los baños en Estados Unidos. Otra gran mujer e intelectual, Hannah Arendt, prefier mantener sus privilegios femeninos y ser objeto de la galante cortesía y atención masculina. Tristemente no ha prosperado su postura y ya nadie le cede el asiento a la mujer, nuevamente gracias al feminismo radical.

Sanger y Firestone desarrollaron su particular visión del feminismo en Estados Unidos, desde donde se ha exportado e impuesto al mundo entero. Gran Bretaña no se queda atrás con Marie Stopes, a caballo entre los siglos XIX y XX, pero cuya presencia sigue viva y pujante a través de Marie Stopes International. En un curioso libro suyo *Radiant Motherhood* (*Radiante maternidad*) defiend una forma sofisticad de darwinismo social. Promueve la esterilización de los feos, deteriorados y enfermos, para desarrollar únicamente las "formas más elevadas y más hermosas de la raza humana". Según ella, "la evolución de la humanidad dará un salto adelante cuando a nuestro alrededor sólo haya personas jóvenes bien parecidas y hermosas". En algunos lugares ya están sacrificando sin preguntarles, a los ancianos (Bélgica, Holanda). Si este tipo de feminismo progresa aún más, deberán ponerse a temblar los feos.

Pero la corrupción del auténtico y necesario feminismo no queda allí. Con frecuencia es utilizado con fine políticos. Se instrumentaliza el injusto sufrimiento de la mujer para alcanzar objetivos ideológicos, cotas de poder o atacar enemigos políticos. Muchas veces el feminismo se propone legalizar conductas nocivas para la mujer. Así, por ejemplo, tenemos el caso del juicio Roe *vs.* Wade, que abrió la puerta al aborto en Estados Unidos y de allí al mundo entero. Para conseguirlo, se instrumentalizó a Norma L. McCorvey, quien reconoció haber mentido sobre su supuesta violación. El que escribe ha escuchado muchas veces a mujeres que sufren trauma postaborto, también a muchos hombres que las han inducido a realizarlo. Curiosamente estos últimos no suelen manifestar ningún tipo de trauma. ¿A quién benefici este feminismo?

Alguien podría objetarme: "eres bueno para la crítica, pero ¿y la Iglesia?, ¿veremos alguna vez a una "papisa"? La comparación, sin embargo, no es oportuna. Surge de aplicarle a la Iglesia esquemas sociológicos propios de la política. En realidad, el fi de la Iglesia no es el poder, sino la santidad. El más importante en ella no es el Papa, sino el santo o la santa, y dentro de este colectivo reluce en primerísimo lugar la Virgen María. Así, casi nadie recuerda quien era Papa en la época de santa Teresita, pero muchos le tienen devoción a esta última. Lo primero en la Iglesia no son entonces los cargos, sino la santidad, y muchas veces las mujeres (santa Teresa de Calcuta) nos dan muestras eximias de ella.

La mujer y el cristianismo

Es frecuente escuchar la crítica de que la religión en general y el cristianismo en particular han fomentado la sumisión de la mujer. En efecto, la revelación judeocristiana difundiría un modelo patriarcal de Dios que justificab formas de conducta, roles sociales y familiares que oprimen al sexo femenino. Por ello, para estas personas, el paquete de la liberación femenina incluye, necesariamente, la liberación de una religión patriarcal y machista que ha hecho cristalizar estructuras sociales opresivas para la mujer, cimentándolas religiosamente, es decir, desde lo más profundo de la conciencia.

Como teoría suena bien, es sugestiva, engancha. Pero si uno vuelve la mirada a la humilde realidad, descubre que no es consistente. Es decir, es una afirmació gratuita, huera, falsa. Las causas del error suelen ser dos. Primero amnesia, es decir, poca memoria histórica, olvido. En segundo lugar, anacronismo. Juzgar a las personas del pasado con parámetros del presente, defecto bastante generalizado. Una vez conocida la historia es fácil señalar los errores, los cuales no eran evidentes a quienes la protagonizaron, con los elementos de juicio que tenían a su disposición. Es como pedirle a un niño de nueve años que resuelva ecuaciones diferenciales.

Es bueno refrescar la memoria para ver todo lo que la "religión patriarcal por excelencia" le ha aportado a la mujer. En los albores del cristianismo el mundo estaba bajo el dominio romano. En esta cultura estaba muy difundido el aborto y, principalmente, el infanticidio de niñas. Era dificilísim tener hermanas, pues lo habitual era tolerar, como máximo, una mujer por hogar. Si nacían más, con mucha frecuencia se las dejaba morir. El cristianismo condenó esta práctica desde el principio y, cuando se implantó, acabó con ella. También condenó y en cuanto pudo acabó con la prostitución sagrada, muy frecuente entonces.

Las relaciones entre hombre y mujer no estaban basadas en la igualdad. Jesucristo fue en este aspecto revolucionario, incluso en el seno del judaísmo. Al prohibir no sólo la poligamia, sino también el divorcio y lógicamente el concubinato, le otorgaba a la mujer un estatuto de igualdad. El deber religioso le imponía al marido obligación de fidelidad lo cual era revolucionario, en una cultura –la romana– donde, por ejemplo, era habitual tener intercambio sexual con las esclavas. En la evangelización de América sucedió otro tanto. Para recibir el bautismo, el cacique tenía que elegir, entre sus muchas mujeres, con cual se quedaba. También, curiosamente, la Inquisición defendía a la mujer al perseguir la bigamia; de hecho, ésa era la causa que más frecuentemente juzgaba tan temido tribunal. Actualmente sigue defendiendo la dignidad femenina al condenar la pornografía, la trata de blancas y los vientres de alquiler.

A Jesús le sigue un grupo de mujeres que escuchaban sus enseñanzas y le ayudaban. A ojos de sus contemporáneos, aquello resultaría escandaloso. De hecho, es una mujer la primera testigo de la resurrección (María Magdalena) y el Señor le da el encargo de avisar a los apóstoles, en una cultura donde no era aceptado el testimonio de la mujer (de hecho, no le creyeron). El cristianismo instauró la primera "seguridad social" (el imperio carecía de estas estructuras) al encargarse de las personas que estaban particularmente desprotegidas, como es el caso de las viudas, a las cuales, además, otorgó un importante papel dentro de la comunidad creyente. Esa amplia red de asistencia social continúa existiendo en la actualidad y son frecuentemente beneficiada las mujeres, por ejemplo, en los hogares de acogida para mujeres con embarazos no deseados o las ancianas en los asilos.

Alguno puede objetar: "¡estupendo!, pero ¿cuándo veremos a una papisa, obispa, o por lo menos, sacerdotisa?" Buena objeción, pero improcedente por dos motivos. El primero consiste en aplicar a la Iglesia, realidad fundamentalmente espiritual, moldes propios de la sociedad política. El segundo es presuponer, erróneamente, el clericalismo; es decir, pensar que se es más cristiano por ser clérigo. Ambos son equivocados. El fi del catolicismo no es escalar la jerarquía, sino la santidad. De ahí el papel central, modelo de la Iglesia, que juega una mujer, María. Quizá se entienda con un ejemplo. Pocos católicos recordarán quién era Papa en la época de santa Teresita de Jesús, pocos ignorarán quién fue esta gran santa. Es decir, más importante que ser Papa, cara a la fe, es ser santo. En la Escritura, la Iglesia es descrita como mujer. María es la cumbre o modelo de la Iglesia, y ambas, María y la Iglesia, son mujeres.

Notas para un feminismo cristiano

¿Podrían resumirse en una breve síntesis los contenidos del "feminismo cristiano"? Es preciso aclarar que el adjetivo "cristiano" no es privativo ni excluyente. Podría llamarse también "feminismo de rostro auténticamente humano", pues personas de otras religiones o sin ella pueden compartir sus principios, pero prefier   no llamarlo así porque supone descalifica de entrada otros tipos de feminismo.

¿Qué distingue entonces al feminismo cristiano? La piedra de toque bien podría ser valorar la maternidad como una forma, la más excelsa quizá, de realización femenina (no considero aquí el celibato por el reino de los cielos, pues tiene una componente sobrenatural). Es decir, muchas corrientes feministas, algunas de ellas en boga, consideran la maternidad y la familia como una forma de opresión de la mujer. Casi todas ellas son herederas de una hermenéutica izquierdista de la historia y la cultura y, por ende, de la familia y la persona.

En segundo lugar, el feminismo cristiano no ve la relación hombre-mujer como un enfrentamiento necesario. No existe tal contraposición dialéctica inevitable entre ambos sexos (prefier usar la palabra sexo a género, por ser esta última ambigua y cargada de contenido ideológico). No niega que históricamente han existido abusos, vejaciones, sometimientos. Reconoce que hay que eliminarlos de raíz, y que todavía perviven en extensos extractos de la población sus lamentables secuelas, como pueden ser los casos de violencia contra la mujer, o sencillamente la diferencia en los sueldos y las oportunidades laborales para la mujer. Pero no siempre, ni en todos los casos, ni la mayoría de las veces la relación es de lucha, confrontación, enfrentamiento. Cabe, y se da de hecho, una auténtica relación enriquecedora entre ambos sexos.

Mujer y varón son iguales en dignidad, pero diferentes en cuanto al modo de ser. Varón y mujer constituyen dos formas de ser persona humana, distintas, complementarias. La diferencia no estriba solamente en el hecho de tener diferente aparato genital. Es mucho más profunda. Es física (morfología, musculatura, arquitectura cerebral) y, consiguientemente, espiritual: modos diversos de pensar, de sentir, de vivir los acontecimientos, de expresar los sentimientos. Es un clásico a este respecto el texto *Los hombres son de marte, las mujeres de venus*, de John Gray.

Por eso mismo, la diferencia no es sinónimo de discriminación o dominio, como afirma otros tipos de feminismo que desean eliminar de esa forma todo vestigio de "diferencia" y reducirla a mero constructo cultural. El feminismo, cuando cae en esta tentación, deviene ideología de género. Por el contrario, para el "feminismo cristiano", *diferencia* equivale a *valoración*. Reconocer la auténtica aportación femenina a la familia, la sociedad y el mundo, la cual el hombre por sí mismo no puede proporcionar. Necesitan el hombre y el mundo de la contribución femenina. Daña a la identidad fémina el hecho de buscar emular o copiar a toda costa los moldes masculinos y supone tácitamente infravalorar lo propiamente femenino. Contra este error de percepción protestamos hombres (pues las necesitamos) y mujeres (que valoran su aportación personal, el toque femenino).

La diferencia entre hombre y mujer no está entonces en la cultura, sino en la propia estructura del ser humano, su modo natural de ser, mujer u hombre. Por el contrario, la cultura trabaja o se elabora sobre esta diferencia original y da lugar a formas más o menos logradas. La cultura se puede cambiar o mejorar, lo hace de hecho, y es preciso tener un olfato crítico, pues no necesariamente el cambio es para bien; puede ser, es y ha sido en ocasiones positivo, pero también, a veces, negativo. Lo que no puede cambiar, lo que no se puede cancelar, es la diferencia. Pretender hacerlo sí que es una vana construcción cultural, la cual caerá con el tiempo, por ser falsa, y por ello mismo insostenible, aunque la pregunta que está en el aire ahora es ¿a qué precio? Por ello, hoy es más necesario que nunca un auténtico feminismo cristiano; una valiosa muestra puede encontrarse en la carta "Mulieris dignitatem", de san Juan Pablo II.

¿Machismo en la Iglesia?

Con cierta cadencia se formula un cuestionamiento incómodo para los católicos practicantes: ¿es machista la Iglesia?, ¿fomenta el machismo la fe? Parece haber abundantes pruebas de ello, comenzando por el término mismo "Dios", que es masculino y siguiendo por los relatos de la Biblia, que parecen confirma esta sospecha de forma irrefutable. Quizá el argumento más esgrimido para sostener esta tesis es excluir a las mujeres del sacerdocio y, por eso mismo, de los principales puestos de autoridad dentro de la institución. La Iglesia sólo podría dejar de ser machista cuando exista una "papisa" y edite una versión de la Biblia políticamente correcta, reajustando los roles de género (Diosa en vez de Dios), o utilizando el lenguaje inclusivo (x, @, e).

Ahora bien, habría que precisar más a que nos referimos con "machismo". Si machismo implica no ser capaz de darle gusto a las feministas o, mejor dicho, al feminismo radical, la Iglesia no puede sino ser machista y no dejar de serlo. No es su función dar gusto a las modas culturales y muchas veces en la historia ha ido contracorriente, ha sido contracultural y lo seguirá siendo; de hecho, es parte de su atractivo, de su *charm*. Si por machismo entendemos, en cambio, menospreciar a la mujer, minusvalorarla o relegarla, habrá que responder decididamente que la Iglesia no es machista.

Para comprender mejor por qué afirmamo esto último, es preciso explicar la interacción entre tres conceptos: encarnación, historia y clericalismo. Por *encarnación* entendemos aquí la forma misteriosa, pero real, por la que lo humano y lo divino se entrelazan desde la perspectiva de la fe. El culmen de la encarnación es Jesucristo, perfecto Dios y perfecto hombre, pero siguen la misma lógica tanto la Iglesia como la Sagrada Escritura:

tienen un elemento humano, limitado e insoslayable junto a otro elemento sobrenatural, divino.

Lo anterior supone, entre otras cosas, que tanto la revelación como la vivencia de la fe y la práctica de la religión, se dan en la historia, como no podía ser de otra forma, y siguen los cánones vigentes en la cultura de su tiempo. La fe no nos coloca en una aséptica esfera intemporal, no nos introduce directamente en la eternidad, sino que se enraíza en el tiempo prometiéndonos la eternidad. Esto quiere decir que, tanto la Biblia como los santos y las personas de fe en general, están colocados en un contexto histórico y cultural concreto. Dicho de otra forma: no es la Biblia ni la Iglesia quienes en determinado contexto pudieran ser "machistas", es la cultura y el tiempo preciso quienes lo son. Como la revelación y las personas de fe están plenamente insertos en su tiempo vital, adolecen conjuntamente de este defecto. Ahora bien, este defecto no forma parte esencial de la revelación y atacar a la Biblia o a la Iglesia por ello es caer en un craso anacronismo, equivalente a culpar al hombre de las cavernas por no haber sido capaz de llegar a la Luna.

El clericalismo es más complejo, porque históricamente ha afectado a los hombres de fe e incluso a la autoridad eclesiástica. Se trata de la desordenada injerencia de la autoridad religiosa (jerarquía, es decir, autoridad sagrada), en los asuntos temporales. Es fruto de no respetar la legítima autonomía del orden civil respecto del religioso, establecida novedosamente por el mismo Jesucristo, según nos narran los evangelios ("Dar al César lo que es del César y a Dios lo que es de Dios"). Pero esta visión termina por transponer los moldes y criterios sociológicos del poder político al ámbito religioso, lo que termina por desnaturalizar el sentido de la autoridad en la Iglesia e incluso corromperla. Dicho mal y pronto, lo principal en la Iglesia no es formar parte de la jerarquía, sino ser santo; no es ser papa, sino amar a Cristo y, por Él, a los demás. En este sentido, son más importantes santa Catalina de Siena, santa Teresa de Jesús, santa Teresita de Jesús o santa Teresa de Calcuta que ser cardenal, obispo o papa.

Además, supone una honda ignorancia histórica y un marcado prejuicio cultural. Ignorancia de cómo Jesús le dio un lugar a la mujer que nadie le había dado antes, y de cómo la Iglesia protegió desde el inicio y hasta ahora a la mujer (las feministas que defiende el aborto no parecen estar muy preocupadas por el aborto selectivo de niñas en China o la India). Prejuicio porque parten de la base, nada evidente, de que la maternidad y la familia oprimen a la mujer, o difunden el falso cliché de que su única misión en la Iglesia es procrear. Por el contrario, la Iglesia tiene experiencia de cómo la maternidad y el hogar pueden ser lugares donde las mujeres se realicen y tengan una vida plena, sin excluir, para quienes lo deseen, un desarrollo profesional y político.

El feminismo de Francisco

Durante su reciente viaje al Perú, algunas palabras de Francisco despertaron susceptibilidades en grupos feministas. Otros las aprovecharon para empañar lo que parecía un paseo triunfal del Papa ante una población inmensa que lo aclamaba. No podemos juzgar los motivos de las personas, y si su reacción se debe al prejuicio o la ignorancia. Lo cierto es que quien vea el cuadro completo no puede dudar de la genuina y oportuna preocupación de Francisco por la mujer, y lo infundado de estas críticas.

El escándalo se desató por unas palabras dichas a las monjas de clausura en Lima: "¿Saben lo que es una monja chismosa? Es terrorista, peor que los de Ayacucho hace años... Monjas terroristas no, sin chismes". Sus palabras se cali caron de sexistas, de seguir el cliché según el cual la mujer es chismosa. Pero viendo el contexto se pueden observar varias cosas: las monjas se ríen y aceptan la crítica constructiva, es decir, reconocen que les queda el saco. Además, la historia nos dice que grandes santas, como santa Teresita del Niño Jesús o santa Bernadette Soubirous sufrieron grandemente por estos chismes. Santa Teresa de Jesús, maestra y fundadora de monjas advierte contra este peligro. Es decir, más que de unos comentarios sexistas, se trata de las palabras de un pastor que conoce el público a quien se dirige.

Ahora bien, sorprende la indignación por estas palabras pronunciadas en Lima, cuando en Trujillo y Puerto Maldonado valora y defiend a la mujer y su misión en la sociedad. Pareciera que nos encontramos frente a un feminismo selectivo, ávido de críticas, pero incapaz de reconocer los valores en común. En Madre de Dios denunció valientemente la plaga de la trata de personas: "Permítanme detenerme en un tema doloroso. Nos acostumbramos a utilizar el término *trata de personas*[...] Pero en realidad deberíamos hablar de esclavitud: esclavitud para el trabajo, esclavitud sexual, esclavitud para el lucro. Duele constatar cómo en esta tierra[...] tantas mujeres son desvaloradas, menospreciadas y expuestas a un sinfín de violencias".

En Trujillo denunció el feminicidio, el machismo y la violencia contra la mujer:

Quiero invitarlos a luchar contra una plaga que afecta nuestro continente americano: los numerosos casos de feminicidio. Y son muchas las formas de violencia que quedan silenciadas detrás de tantas paredes. Los invito a luchar contra esta fuente de sufrimiento pidiendo que se promueva una legislación y una cultura de repudio a toda forma de violencia.

También reconoció el papel imprescindible de las madres y las abuelas en la sociedad:

Pensemos en todas las madres y abuelas de esta nación; son la verdadera fuerza motora de la vida y de las familias del Perú. ¡Qué sería del Perú sin las madres y las abuelas, qué sería de nuestra vida sin ellas! El amor a María nos tiene que ayudar a generar actitudes de reconocimiento y gratitud frente a la mujer, frente a nuestras madres y abuelas que son un bastión en la vida de nuestras ciudades.

Más exhaustivamente afronta el tema en *Amoris laetitia*, núm. 54:

Deseo resaltar que, aunque hubo notables mejoras en el reconocimiento de los derechos de la mujer y en su participación en el espacio público, todavía hay mucho que avanzar en algunos países. No se terminan de erradicar costumbres inaceptables. Destaco la vergonzosa violencia que a veces se ejerce sobre las mujeres, el maltrato familiar y distintas formas de esclavitud que no constituyen una muestra de fuerza masculina sino una cobarde degradación. La violencia verbal, física y sexual que se ejerce contra las mujeres en algunos matrimonios contradice la naturaleza misma de la unión conyugal. Pienso en la grave mutilación genital de la mujer en algunas culturas, pero también en la desigualdad del acceso a puestos de trabajo dignos y a los lugares donde se toman las decisiones... recordemos también el alquiler de vientres o "la instrumentalización y mercantilización del cuerpo femenino en la actual cultura mediática"[...] La idéntica dignidad entre el varón y la mujer nos mueve a alegrarnos de que se superen viejas formas de discriminación, y de que en el seno de las familias se desarrolle un ejercicio de reciprocidad. Si surgen formas de feminismo que no podamos considerar adecuadas, igualmente admiramos una obra del Espíritu en el reconocimiento más claro de la dignidad de la mujer y de sus derechos.

Ayuda tener a la vista el cuadro completo; unas afirmacione se complementan y sopesan con otras. El "feminismo" de Francisco en realidad es una defensa de la "feminidad" como valor insustituible de la convivencia humana. Descubrimos en sus palabras una defensa, valoración y promoción de la mujer que no se deja someter o instrumentalizar por criterios ideológicos. Ahí radica su "pecado" y su falta de reconocimiento por quienes en teoría defiende y promueven a la mujer en la sociedad.

Francisco denuncia la violencia y la trata, verdaderos cánceres de la sociedad, pero el pecado que las feministas de corte ideológico no le perdonan es que reconoce y valora el papel de las madres y las abuelas en la sociedad, pues están más interesadas en defender una teoría que en proteger a la mujer real. Para el feminismo radical, la maternidad es una forma de opresión; para la mayoría de las mujeres es una forma de plenitud existencial. En efecto, lo que nos hace felices en esta vida es amar y ser amados, y nadie ama tanto como las madres, ni es amado tanto como ellas. La maternidad es una forma de realización y plenitud humana, que muchas veces no es reconocida socialmente por la presión de lo políticamente correcto. Francisco pone el dedo en la llaga, y como todos amamos mucho a nuestras madres, el modo de desprestigiar su defensa de la mujer es sacar de contexto una afirmació suya calificándol de sexista.

Feminista y santa

La santidad y el feminismo podrían parecer dos realidades inconciliables, dado los marcados tonos anticlericales en los que ha derivado el feminismo contemporáneo; sin embargo, un poco de memoria histórica nos ayuda a descubrir que no siempre ha sido así. Y si, como dice la Escritura, "el Espíritu sopla donde quiere", también ahora nos puede sorprender, presentándonos la figu a de santas con una desbordante actualidad, que son capaces de reunir lo que en apariencia es incompatible. La candidata es Dorothy Day, una mujer feminista, luchadora social, defensora de los desempleados, las mujeres, las personas de color y los pobres, conversa al catolicismo, y una apasionada mujer del siglo xx.

La vida de Dorothy tiene el encanto de lo auténtico, de lo genuino. El sabor bien definid de quien es capaz de luchar hasta el sacrifici por un ideal, y quien es capaz de rectifica el ideal cuando se ha encontrado con la verdad. En su juventud, durante los albores del siglo xx, fue de las primeras estudiantes universitarias. Ahí, seducida pronto por los ideales anarquistas, socialistas, pacifista y feministas, se convirtió en una activista social a quien no le tembló la mano para promover el aborto o realizar una huelga de hambre y ser arrestada por protestar en contra de la entrada de los Estados Unidos a la primera Guerra Mundial y promover el voto femenino.

Ella era una mujer de ideales profundos, no de superficialidades la huelga de hambre y el arresto no nos permiten dudar de lo ferviente de sus convicciones. Sin embargo, en un momento de su vida experimenta una honda conversión al catolicismo. Tan radical fue su cambio, que se vio orillada a separarse de su esposo y afiliars a una orden religiosa como laica. Pero la conversión no le exigió el abandono de sus ideales, sino su puri - cación, pues siguió comprometida con el activismo social, en una época análoga a la nuestra, porque su lucha se hizo más viva a partir del crac de la bolsa en 1929, con el devastador panorama de desempleo y pobreza que trajo consigo.

Funda en 1933 el *Catholic Worker*, periódico que llegó a tirar 150 mil ejemplares, donde daba voz a los trabajadores, personas de color, desempleados y oprimidos por condiciones de trabajo onerosas. De la mano del diario surgió un movimiento social que se dedicó con pasión a la beneficenci y a la ayuda de los más desamparados en una época de crisis. Es decir, no se conformó Dorothy en ejercer una misión profética, denunciando las injusticias sociales desde una perspectiva cristiana, incomodando con ello, frecuentemente, a los católicos bien acomodados, sino que pasó de la denuncia a los hechos, poniendo su granito de arena para remediar las injusticias recurrentes en su sociedad. Luchaban por remediar necesidades concretas de los trabajadores, al mismo tiempo que promovían un orden laboral digno.

Más que un socialismo cristiano, con el tiempo, su trabajo siguió las líneas marcadas por el distributismo de Chesterton y Belloc, en Gran Bretaña. Puso especial atención al magisterio social pontificio es decir, a la Doctrina Social de la Iglesia, que conoció un particular auge por aquellos años. A lo largo de toda su vida, hasta su muerte a los 83 años de edad, manifestó una aguda preocupación social y sensibilidad por los pobres y los trabajadores, ofreciendo una respuesta cristiana, alternativa al marxismo, tan en boga durante los últimos años de su vida.

San Juan Pablo II la declaró "Sierva de Dios" en 1996, y en el año 2000 autorizó iniciar su proceso de canonización. Robert Barron, en su documental *Catolicismo* la reconoce como un modelo de santidad laical contemporáneo en los Estados Unidos y resalta la fecundidad de su legado. Hoy en día reluce su figu a, pues nos ofrece una síntesis superadora de feminismo, lucha social y catolicismo, que la vuelve rabiosamente atractiva. En efecto, las causas por las que luchó toda su vida: la mujer, la pobreza, la paz, la justicia social, las personas de color, gozan de gran actualidad que cautivan el día de hoy a los corazones juveniles. En Dorothy descubrimos una respuesta católica a esas aspiraciones, y una muestra de cómo la experiencia de su rica interioridad le brindó la fuerza necesaria para acometer esa magnánima empresa con eficaci humana, coherencia de vida, sin sucumbir ante las dificultades

Declaración Women of the World

La celebración anual del Día de la Mujer (8 de marzo) invita a toda la sociedad a reflexiona sobre la importancia del papel de la mujer en el mundo. Por eso, para celebrar a la mujer como se merece, un conjunto importante de asociaciones femeninas presentó la declaración Women of the World (Mujeres del mundo). El texto de la declaración se hizo llegar a políticos de todo el mundo y asociaciones internacionales, y pide que se respete la auténtica identidad de la mujer y se defienda sus legítimos derechos.

La presentación es novedosa y auténtica porque en los últimos años el Día de la Mujer estaba "secuestrado" por un grupo pequeño, poco representativo, pero muy combativo y ruidoso de mujeres. Según esa minoría dominante, la mujer auténtica tiene que imitar los roles masculinos, o detestar la maternidad, o ser lesbiana, o todas esas cosas al mismo tiempo. Es cierto que existen estas minorías y se les debe respetar (es decir, las mujeres que aspiran a parecer hombres, tienen horror a la maternidad o son lesbianas), pero no representan la realidad generalizada ni el sentir común de la mujer. Al defender sus propios intereses como si fueran los de la mujer en general realizan una suplantación ilegítima y abusiva.

Quizá por estar ocupadas atendiendo sus familias, criando a sus hijos, consiguiendo el dificilísim equilibrio inestable entre vida familiar y laboral, la inmensa mayoría de las mujeres no habían hecho oír su voz, permitiendo así que un grupo pequeño –pero muy poderoso ideológica y económicamente– tomara la batuta en lo que refier a la defensa de la mujer y sus derechos; pero haciéndolo de forma que en realidad defendían y promovían su propia ideología de género, como si fueran equivalentes. Ahora en cambio, con grandes esfuerzos, grupos que representan a la mujer auténtica, a la mujer real que lucha día a día por hacer frente a los problemas que supone sacar una familia y un trabajo adelante, presentan su pliego petitorio a plena voz dentro de la sociedad.

Sus reclamos no sólo son reales y legítimos, sino urgentes; por ejemplo, todavía hoy se discrimina a la mujer laboralmente por motivos de embarazo: se contrata a mujeres con la condición expresa de que no se embaracen, se retira del trabajo injustamente a las embarazadas o no se atiende a las lógicas limitaciones y cuidados que deben tener durante su estado al trabajar, por poner sólo algunos ejemplos.

El texto de la Declaración es breve pero conciso: ofrece diez puntos sobre la identidad femenina y el papel de la mujer en la sociedad, así como cinco exigencias básicas que deben cubrirse para garantizar el respeto y el cuidado de la mujer. En el texto queda claro cómo igualdad de derechos y de dignidad entre el hombre y la mujer no supone confusión de identidad. Muchas veces para conseguir lo primero, lo que no sólo es legítimo sino necesario, se ha sacrificad lo segundo, la identidad femenina, lo que a la postre supone un inmenso empobrecimiento para la entera sociedad que precisa, hoy más que nunca, el aporte propiamente femenino.

Cabe destacar, entre los puntos que ofrece la declaración, el honroso papel y reconocimiento, que está todavía pendiente en nuestra sociedad, hacia la maternidad y hacia las mujeres que deciden dedicarse plenamente a su hogar. Por ello, reza así el 5º punto de la Declaración: "La maternidad tiene un valor y una dignidad única e irremplazable", mientras que en el 6º se denuncia la triste situación actual: "Hoy en día, las mujeres son discriminadas en occidente por razón de su maternidad". También dos de las cinco exigencias básicas de la mujer abordan esta delicada problemática pidiendo: "El reconocimiento en la legislación internacional del valor del trabajo silencioso y, aparentemente invisible, de la mujer en su familia y el tratamiento del término *dedicación exclusiva a la familia* como categoría laboral" y "La creación de un marco de políticas internacionales de protección de la mujer trabajadora que tiene o quiere tener hijos o que está dedicada parcial o exclusivamente a su familia y la denuncia de cualquier tipo de discriminación contra ellas". Esperemos que como sociedad y cultura no hagamos, ¡una vez más!, oídos sordos a estas auténticas necesidades.

Malala Yousafzai

A todos nos ha sorprendido el merecido galardón otorgado a Malala Yousafzai, la chica paquistaní de 17 años premiada con el Nobel de la Paz 2014 junto a Kailash Satyarthi, activista hindú, empeñando en eliminar la explotación laboral de los niños. La sorpresa no viene sólo por ser la persona más joven en recibir el anhelado premio, sino porque en su corta vida ha sido un ejemplo de coraje y lucha por un ideal que merece la pena.

En efecto, Malala ha luchado desde pequeña por defender el derecho de la mujer a recibir educación. Esa sencilla causa, que para el mundo occidental puede parecer trivial, no es tan pacíﬁcamente aceptada en un buen número de países islámicos con fuerte presencia fundamentalista. En concreto, a Malala defenderla casi le costó la vida, cuando el 9 de octubre de 2012 fue atacada por un talibán y recibió impactos de bala en la cabeza y el cuello. Logró salvar su vida, reconstruir su cara y rehacer su vida en Gran Bretaña, donde no ha dejado de luchar por defender el derecho de la mujer a recibir educación, y más recientemente a pedir la liberación de las niñas nigerianas, secuestradas también por un grupo islámico, el Boko Haram, que está en contra de la educación occidental.

Malala es un ejemplo de lo mucho que todavía queda por hacer para promover la dignidad de la mujer en el mundo. En muchos países no tiene todavía igual acceso a la educación, al trabajo, y a la justa independencia y autonomía para hacer su vida. Si bien el caso de los fundamentalistas islámicos es dramático y realmente de difícil solución (¿cómo dialogar con alguien capaz de vaciar una pistola en una niña de 15 años sólo porque ella quiere estudiar?), no sólo en ellos se discrimina o limita a la mujer. Por ejemplo, en Latinoamérica está fuertemente difundido el "machismo", una forma cultural de vida que en la práctica somete y minusvalora a la mujer. No es extraño encontrar mujeres que dependen absolutamente de un marido que no las quiere, las engaña, y prácticamente las obliga a trabajar a su servicio, sin ofrecer a cambio ningún tipo de gratificació afectiva o comunión personal.

En este aspecto feminismo y feminidad se encuentran como una intersección en los diagramas de Venn, en la cual ambos luchan por la misma causa, si bien desde perspectivas diferentes. La parte del diagrama en la que no hay intersección es considerable; pues mientras la feminidad busca que se reconozca y valore lo auténticamente femenino, de forma que tenga una mayor presencia en la sociedad y en la cultura, el feminismo en cambio tiene una especie de complejo por lo más característico de la feminidad, como la maternidad, y desea fervientemente emular el rol del hombre en la sociedad.

Malala encara ese rostro de la mujer que está dispuesta a luchar por sus derechos con una tenacidad y una fortaleza interior típicamente femeninas. Efectivamente, contra lo que puedan decir las apariencias, suelen ser más fuertes interiormente. Bien lo observó san Josemaría: "Más recia la mujer que el hombre, y más fiel a la hora del dolor". Como también describe agudamente el contenido de esa feminidad:

> La mujer está llamada a llevar a la familia, a la sociedad civil, a la Iglesia, algo característico, que le es propio y que sólo ella puede dar: su delicada ternura, su generosidad incansable, su amor por lo concreto, su agudeza de ingenio, su capacidad de intuición, su piedad profunda y sencilla, su tenacidad[...] La feminidad no es auténtica si no advierte la hermosura de esa aportación insustituible, y no la incorpora a la propia vida.

Sin embargo, es preciso estar atentos para que el feminismo a ultranza no la instrumentalice inadecuadamente. No podemos olvidar, por ejemplo, que Malala es una mujer con fe, nunca ha renegado de su religión islámica, y dentro de ella constituye una voz que clama por la emancipación femenina en ese importante grupo cultural de la humanidad. La religión islámica, sobra decirlo, suele defender la vida y la familia, y sería abusivo instrumentalizarla en sentido inverso.

De Femen a femenina

Ha tenido mucho eco el cambio de bando de Sara Winter, una de las fundadoras de Femen en Brasil. De la noche a la mañana ha pasado de ser una feminista agresiva, fanática y blasfema, a convertirse en una madre pro vida, ¿cómo fue posible tal conversión?, ¿qué atrae a las jóvenes a enrolarse en una causa como Femen y qué les lleva a abandonarla?

La conversión de Sara tiene algo en particular, un toque marcadamente femenino. Podemos aventurar que la feminista que vivía en Sara fue asesinada a traición por la Sara femenina que siempre había estado allí, sólo que no había tenido ocasión de manifestarse plenamente. ¿Cómo pudo la feminidad vencer al feminismo en la batalla por el corazón de Sara? Gracias a la maternidad. El feminismo salvaje a ultranza repudia la maternidad, defendiendo como valor absoluto el aborto. Sara encabezó agresivas e inmorales protestas para legalizar el aborto en Brasil, y no se quedó en la protesta, sino que ella misma lo practicó. ¿Cómo cambió entonces? Cuando se dio a sí misma la oportunidad de ser madre; cuando cargó, cuidó y amamantó a su propio hijo.

La conversión de Sara es hermosa porque no fue con argumentos. No fueron las razones las que la orillaron a cambiar de equipo, no fue un brillante razonamiento. Fue algo más valioso: la vida misma, la realidad previa a cualquier discurso sobre ella. En la carrera de filosofí con frecuencia escuché una referencia de santo Tomás (pero nunca su fuente, que no me he tomado la molestia de buscar) que venía a decir más o menos así: "hay más verdad en una mosca que en todos los pensamientos de los filósofos" indicaba con ello que la mosca es real, mientras que las elucubraciones, por más brillantes que sean, no pasan de ser razonamientos. Eso es lo que sucedió con Sara Winter: el feminismo es una teoría; su causa, su ideología, su ideario lo son, buena o mala, teoría, al fi y al cabo. Los hijos de Sara –pues ya tiene dos–, son de carne y hueso, son realidad.

El feminismo radical muere y deja paso a la feminidad al tener la experiencia de ser madre. Sara misma lo explica al referirse a su hijo: "me ha llenado de amor, ha cambiado mi vida". Si antes sentía que la dignidad y la libertad de la mujer eran garantizadas sólo por el libre acceso al aborto, ahora ha descubierto que es plenamente mujer al ser madre, ha reencontrado su lado femenino, antes reprimido por su fanático feminismo. Al cumplirse un mes del nacimiento de su hijo escribió: "mañana será un mes desde que mi bebé nació y mi vida ha ganado un nuevo sentido".

Al descubrir la dicha que le ha proporcionado su feminidad, es decir, su maternidad, Sara se ha sentido traicionada, cuando no utilizada por el movimiento feminista. De pronto ha experimentado un profundo arrepentimiento por todo lo que realizó mientras estuvo enrolada bajo esa bandera, y como es una mujer de natural combativo, una mujer de ideales, no se ha limitado a abandonar en silencio su antigua causa, sino que ahora la combate denunciando sus engaños. Ha pedido públicamente perdón por abortar o por participar en campañas blasfemas que ofenden sin motivo los sentimientos cristianos. Ha reconocido el valor que tienen las mujeres religiosas, la cuales mientras son ridiculizadas por las feministas radicales, se encargan de cuidar de los más pobres.

Ahora bien, el caso de Sara se repite continuamente en el mundo, por lo menos el de la primera Sara. ¿Por qué? Quizá porque los jóvenes siguen siendo jóvenes, es decir, necesitan de ideales. Hay muchos, sin embargo, que son consumistas y se dejan domesticar pacíficament por nuestra sociedad de confort; sus afanes se limitan a eso: aspirar a los bienes que ofrece el mercado. Hay otros, sin embargo, que son inconformistas, no quieren convertirse en "otro ladrillo en la pared", en un consumista más, y buscan ideales que llenen su vida, ideales con sabor, fuertes, no importa que sean verdaderos, sino que produzcan emociones intensas, que supongan un reto. Ello explica, a mi juicio, por qué algunas mujeres se sumen a causas como Femen y hombres al Estado islámico. Algunos como Sara encuentran, tarde o temprano, el camino a la verdad; Sara ha descubierto ese camino gracias al amor más puro, el amor de madre.

Vientres de alquiler

Recientemente visité a un buen amigo, con una niña pequeña de dos años. Me sorprendió que la niña lo reclamaba para todo: para cambiarse, ir al baño o dormir exigía la presencia del papá. Si mamá intentaba hacer esa labor, estallaba, inconsolable, en llanto. Me explicó el papá que cuando nació, como fue por cesárea, en lugar de poner a la niña sobre el pecho de su madre, le tocó a él recibirla. Atribuye a ello la dependencia paterna de la niña. Efectivamente, una obstetra me explicó que se suelen poner a los niños sobre sus madres nada más nacer, es bueno para ambos.

Los estudios de maternidad se han desarrollado mucho, pero las consecuencias sociales de estos resultados se hacen esperar. Se ha detectado la importancia de que el recién nacido tome contacto táctil con su madre, siendo ese gesto que podría parecer anecdótico o incluso sentimental, fundamental para su desarrollo. Sin embargo, se abre la puerta a los "vientres de alquiler" o "maternidad subrogada", donde la madre en realidad no es madre, lo que permite plantearse la cuestión, anteriormente evidente, de ¿dónde quedó la madre?

Me explico. Pueden reclamar la paternidad/maternidad del niño hasta seis adultos involucrados en esta práctica (sigo el informe presentado por Women of the World a la ONU en 2016 sobre *maternidad subrogada*): la madre donante de óvulos, la madre gestante, la mujer que encargó el bebé, el padre genético que dona el esperma, el marido de la gestante y el marido de la que "compró" el bebé. La confusión para el niño sobre su origen e identidad es inevitable. Los daños psicológicos también, en este caso no sólo para el niño, sino también para "las madres" involucradas. En efecto, las tres "madres" están sometidas a un particular estrés. Sobra decir que en este caso los artículos 7º y 8º de la Convención sobre los Derechos del Niño vienen a ser papel mojado, pues la presión económica e ideológica ha pesado más que su derecho a tener clara su identidad.

Los vientres de alquiler lesionan gravemente la dignidad humana al tiempo que son un jugoso negocio, necesario, de otra parte, para satisfacer las exigencias de gays y lesbianas de tener niños. Supone una nueva forma de explotación, comparable a la prostitución, pues "la mujer vende o alquila su cuerpo por dinero". Por su parte, "el niño es utilizado como producto comercial". Sobra decir que, si no satisface al cliente, vienen después las reclamaciones, es decir, los niños están sometidos "al control de calidad". La "madre de alquiler" y la "madre genética" son utilizadas como producto de usar y tirar. Los lazos psicológicos que se desarrollan durante el embarazo entre la madre y el niño son rotos por dinero, y son afectados ambos extremos de la relación.

Si "todo sale bien" se lesiona la dignidad de la madre y los derechos del niño, pero si hay algún problema, es decir, viene con malformaciones, enfermedades o sencillamente no es del sexo deseado, el niño frecuentemente es rechazado por los padres "compradores" y en ocasiones se obliga a abortar a la mamá gestante. Ha sucedido que la madre gestante se arrepiente y quiere quedarse con el niño, pero no puede, pues este ya "ha sido comprado".

Suecia prohibió recurrir a este sistema para adoptar niños, pues una investigación evidenció la existencia de una cruel industria de compra venta de bebés. En Nigeria se han encontrado varias decenas de "fábricas de niños", donde se tenía a las mujeres embarazadas, en ocasiones encadenadas o amarradas a la pared "como si fueran vacas", y donde se las obligaba a abortar si el niño venía con alguna malformación. En síntesis, el negocio de los vientres subrogados se presta a toda clase de abusos, es realmente lamentable el menosprecio de la vida humana y de la dignidad de la mujer que supone. Sin embargo, hay países muy "avanzados" que han regulado la "gestación subrogada", en concreto: Estados Unidos, México, Kazajistán, Rusia, Ucrania y Georgia. Resulta curioso que muchos grupos feministas no hayan pegado aún el grito en el cielo ante tan evidente denigración de la mujer.

La trata de personas

Una de las causas enarboladas por Francisco que más han sorprendido es su cruzada en contra de la *trata de personas*. En su caso no se trata de una novedad. Cuando fue arzobispo de Buenos Aires, denunció crudamente esta forma de esclavitud que crece vertiginosamente en la actualidad. No es de extrañar ese crecimiento, dado que después del tráfic de drogas y el tráfic de armas, el tercer puesto de negocios ilícitos le toca al tráfic humano, habitualmente mujeres y niños para la prostitución, aunque también como esclavitud laboral y comercio de órganos. Es quizá el ejemplo más evidente de la "cultura del descarte" agudamente denunciada por el Papa; una lamentable muestra de cómo la sociedad de consumo supedita la dignidad humana a la obtención de beneficio económicos.

La trata de personas es un negocio soterrado, silenciado, del que no se habla lo suficiente y por supuesto, no se hace lo necesario por erradicarlo. Existe una especie de complicidad social, dado que todos nos indignamos por tamaño escándalo, pero casi nada se hace por eliminar sus causas; es más, muchas veces se fomentan las conductas sociales que lo provocan.

Es curioso, por ejemplo, que buena parte del discurso feminista se preocupe fundamentalmente de legalizar el aborto para defender a la mujer (olvidando quizá que por lo menos la mitad de los abortados son niñas). Se echa en falta, sin embargo, que luchen, manifieste indignación, organicen marchas, presionen al gobierno, organicen campañas de concientización para erradicar esta lacra que las afecta fundamentalmente a ellas. En efecto, se estima que alrededor del 80 % de las personas víctimas de la trata son mujeres y niñas, pero el blanco de las organizaciones feministas suele mirar hacia otro lado, o por lo menos parece preocuparles mucho más el aborto que la prostitución organizada. Curioso, ¿verdad?

Por otra parte, las políticas educativas del gobierno, e incluso de la ONU tienden a fomentar aquello que ocasiona la trata. No se necesita ser un gran especialista, ni un gran economista para darse cuenta de que se trata, en gran medida, de un problema de oferta y demanda. La "educación sexual" promovida por la ONU, y dócil y sumisamente acatada por el gobierno, fomenta la promiscuidad, el ejercicio sin discernimiento de la sexualidad desde muy tierna edad. La única información que aporta es de carácter técnico para evitar embarazos y ETS (enfermedades de transmisión sexual), y ésta, a decir verdad, no deja de ser ambigua. Pero en cualquier caso promueve el ejercicio indiscriminado de la sexualidad, lo que necesariamente produce un aumento en la demanda de "objetos sexuales", que a eso han sido reducidas las pobres mujeres sometidas a la trata. Es decir, ataco en las letras y en los tratados a la trata, pero la fomento con las políticas educativas que impongo a gobiernos y escuelas.

Con la sociedad sucede otro tanto. Nos indignamos de la trata, pero nos parece normal que se multipliquen como hongos establecimientos comerciales donde la "mercancía" ofrecida son mujeres semidesnudas "bailando el tubo", y que aquello vaya tomando carta de normalidad. La cantidad de *night clubs*, prostíbulos, *table dance* que comercian con carne humana da mucho que pensar. Seguramente muchas de las señoritas que allí se exhiben lo harán por gusto y por dinero, pero también es probable que bastantes hayan sido inducidas, traficadas vendidas, presionadas para dedicarse a tan lamentable profesión.

Pocos países han tomado medidas eficace para evitarla. Suecia, un país donde el feminismo ha conseguido una de sus más altas cotas, ha conseguido disminuir drásticamente la prostitución, al penalizar y exhibir a los consumidores, no a las pobres mujeres que venden sus cuerpos. También Suecia y Francia indemnizan a las víctimas, pues son personas que han sido marcadas y dañadas probablemente de por vida, de forma que necesitan una ayuda para reintegrarse a la sociedad y rehacerse en la medida en que ello es posible, y eso le cuesta al erario público. Otros países penalizan a los tratantes, pero abandonan a su suerte a quienes han sido víctimas, lo cual es injusto, pues muchas veces lo han sido por la situación de vulnerabilidad en que se encontraban y la incapacidad del Estado para protegerlas.

Mamás *vs.* feministas

No es ningún secreto que el feminismo radical tiene declarada la guerra a la maternidad. La consideran una velada forma de opresión machista, pues el hombre adquiere dominio sobre la mujer gracias a la dependencia provocada por la maternidad. La liberación femenina exige liberarse del yugo de la maternidad o, por lo menos, adquirir el control total de la reproducción. No se trata de una distopía o de una variante de la teoría de la conspiración, pues en algunos países con fuerte impronta feminista, como España, se empieza a prohibir la celebración del día de la madre en los colegios.

El feminismo radical no puede disimular su incomodidad ante la celebración generalizada del día de la madre. Es una manera de constatar cómo la sociedad sigue considerando la maternidad como su más preciada joya; en efecto, nada es más valorado por la inmensa mayoría de las personas que su propia madre. No puede ser de otra forma, pues, exceptuando la primera ola del feminismo, todas las sucesivas han dedicado largas parrafadas a vilipendiar la maternidad y la familia fundada sobre ella. Acabar con las dos, o modificarla hasta hacerlas irreconocibles, ha sido uno de los objetivos programáticos de este movimiento.

Friedrich Engels, Margaret Sanger, Simone de Beauvoir, Shulamith Firestone, Kate Millet, Betty Friedan y un largo etcétera, han preconizado la necesidad de acabar con la maternidad y la familia, o modificarla radicalmente. Como botón de muestra sirvan las siguientes referencias: "Lo más misericordioso que una familia hace a uno de sus miembros más pequeños es matarlo" (Margaret Sanger), y Simone de Beauvoir no se queda atrás:

"No se debería permitir a ninguna mujer quedarse en casa para criar a sus hijos… Las mujeres no deberían tener esa opción, precisamente porque si existe tal opción, demasiadas mujeres la van a tomar". Es decir, muchas mujeres –la mayoría en realidad– no aceptan las descabelladas doctrinas de los íconos del feminismo, y ellas eran bien conscientes de ello, por eso precisaban imponer su ideología.

Ahora bien, tristemente parece que, con el paso del tiempo, estas feministas radicales están consiguiendo su objetivo. En efecto, la "aldea global", el mundo que se ha empequeñecido merced a los adelantos tecnológicos, se ha uniformado. Se difunden estereotipos canónicos de comportamiento bastante rígidos, y en ellos las feministas están bien posicionadas. Sea por el lado de imitar los roles tradicionalmente masculinos (piénsese, por ejemplo, en Capitana Marvel), como por eludir los femeninos e infravalorarlos. Quizá el logro más patente de esta estudiada campaña, que ha permeado hasta en el lenguaje coloquial, es la expresión: "Y tú, ¿cómo te cuidas?", refiriéndos no a ladrones, asaltantes, narcos o violadores, sino ¿cómo te cuidas de quedar embarazada?, es decir, ¿cómo te cuidas de los hijos? Se teme a los niños como al mismísimo demonio.

El hecho es que muchas mujeres jóvenes ya no ven en la maternidad una opción vital, atractiva, una forma de realización personal. Obviamente quieren y valoran a su madre, pero la maternidad ya no es para ellas. En cierta aula universitaria pregunté hace poco, "¿cuántas de ustedes quieren ser mamás?" Menos de la mitad. "¿Cuántas quieren casarse?", un poco menos todavía. Además, no todas las que querían casarse deseaban ser madres, y no todas la que querían tener hijos deseaban marido. Poco menos de un cuarto querían casarse y tener hijos. Es estremecedor el panorama que ello supone para la sociedad y para la mujer, pues a la larga puede generar una dolorosa carga de soledad, amargura y resentimiento en muchas de ellas, cuando ya no haya nada que hacer para remediarlo.

Es una pena, pues gracias al avance tecnológico la opción entre maternidad y realización profesional es, en realidad, una falsa disyuntiva. Gracias al *home office* y a los estudios *on-line*, una mujer puede trabajar o hacer un doctorado en su propio hogar. Es verdad y es inevitable que la maternidad exige sacrificio esfuerzo, auténtico amor. Es incompatible con la comodidad o el egoísmo, a pesar de todos los avances tecnológicos. Por eso, es una honda pena humana que se vaya perdiendo la forma más pura de amor desinteresado. En Latinoamérica todavía, sin embargo, la maternidad se valora hondamente. Todavía, también, se sufren los rezagos del machismo, que orilla a muchas mujeres a ser madres solteras, ante la irresponsabilidad del varón, que con frecuencia se desentiende de los hijos. Quizá esa actitud desaprensiva del hombre ha fomentado indirectamente la fobia feminista a los hijos. La sociedad, sin embargo, tiene con todas las madres, especialmente con aquellas valientes que solas han sacado adelante un hogar, una deuda impagable y, por ello, un inmenso y asombrado reconocimiento. Es justo hacerle eco con el "Día de la Madre".

Revaluar la maternidad

Cada vez es más frecuente que la maternidad no sea una opción vital atractiva para chicas jóvenes, es decir, universitarias o de últimos años de colegio. Hace poco, en un aula universitaria, comenté que, junto a los evidentes progresos morales de la civilización (fi de la esclavitud, igualdad de la mujer, rechazo de la tortura) existen también retrocesos, como el individualismo exacerbado, una de cuyas manifestaciones es el rechazo a los hijos, por considerarlos intrusos y perturbadores de los proyectos personales. Algunas chicas rápidamente respondieron que no veían nada negativo en no desear tener hijos, precisamente porque para ellas no era opción, y en líneas generales son buenas personas: estudiantes responsables, respetuosas de las leyes. Precisamente el problema está allí: para una cantidad cada vez mayor de "gente buena" un hijo no constituye un bien, y por lo tanto no forma parte de su proyecto personal. Lo preocupante es que no se trata de un caso aislado.

¿Por qué preocupante? Al fi y al cabo, es una decisión personal –los sacerdotes tampoco deseamos hijos–, y cada quién es libre de optar o no por la paternidad o maternidad respectivamente. Podrían señalarse diversas respuestas a esta cuestión. Un motivo social evidente es que necesitamos el recambio generacional, pues en caso contrario la pirámide poblacional se invierte y pocos jóvenes sostendrán a una cantidad mucho mayor de ancianos, que hará inviable económica, social y políticamente la sociedad. En plano global ello conduce, literalmente, a la extinción de algunas culturas y su reemplazo por otras, como se observa ahora en Europa, y como ha sucedido a lo largo de la historia. En plan más personal la respuesta es muy simple: la felicidad es fruto de relaciones personales fecundas más que la abundancia de bienes materiales. Una sociedad de egoístas es también una sociedad de infelices, que a la postre terminan por no encontrarle sentido a la vida y desean legalizar la eutanasia. La difusión de la eutanasia es proporcional a la difusión de la soledad causada por el vacío familiar. Por último, un error de planteamiento está en ver al hijo como "parte de mis planes", como podría ser una maestría, un carro, un perro o una casa, y no como un don. Se valora la vida con un enfoque equivocado.

El hecho es que esta perspectiva, a la par errónea y peligrosa, ha permeado en la sociedad del bienestar y el consumo, en la sociedad hiper-comunicada, y los jóvenes con frecuencia la han interiorizado y asumido acríticamente. Lo dramático es que tomar conciencia de ello puede llevar tiempo, de forma que sea demasiado tarde para el individuo –porque haya pasado la edad fértil de la mujer– o para la sociedad –porque sea irreversible el descenso poblacional– y, a la postre, nadie advierte del peligro. Esta ceguera voluntaria es provocada. La Conferencia Mundial sobre la Mujer, de Beijing, mencionó siempre a la maternidad en sentido negativo: embarazos precoces y de adolescentes. No se soluciona sólo con dar algún incentivo económico a la mujer, pues si ya no constituye una opción vital, si no es parte de su "realización personal", no verá en ella una elección atractiva.

La causa del problema es cultural. Se ha insistido tanto y unilateralmente en la "realización personal" e identificarl con el éxito profesional, que la maternidad tiende a verse como un estorbo. Es triste, pues esta premisa supone que sólo somos piezas intercambiables de todo un ensamblaje social de producción. Cómo diría Pink Floyd, simplemente somos *another brick in the wall* (otro ladrillo en la pared), una tuerca de una inmensa maquinaria impersonal.

Por eso, no debería dejarse caer en el vacío la propuesta de reconocer socialmente la maternidad. Un reconocimiento social, público, mediático, económico que vaya más allá de la fiebr comercial de un día (el Día de la Madre), buscando un cambio de paradigma cultural: mostrar cómo una de las más altas, si no la más elevada forma de realización personal femenina, es la maternidad. Es necesario un cambio cultural si no queremos que muchas mujeres no se den esta maravillosa oportunidad y cerrar así a la unión interpersonal más profunda que existe y clausurar una parte importante de su desarrollo afectivo.

Feminicidio

Es difícil no caer en shock cuando uno se entera de feminicidios. Más, si cabe, cuando se trata de niñas o adolescentes. Uno termina asqueado de escuchar las noticias, quisiera meter la cabeza en un agujero, cual avestruz, y fingi que todo sigue igual. Pero no es así. Uno piensa, imagina el sufrimiento, la crueldad. Duele, duele el sufrimiento de las pequeñas como Fátima, duele la ceguera homicida, la abyección y crueldad de los hombres, la depravación de la condición humana.

Al peligro que tienen las niñas de salir a la calle, a la impotencia de que sea una imprudencia el que lo hagan solas, se une el peligro, más sutil pero igualmente real, de que nos acostumbremos como sociedad. El desprecio por la vida forma ya, tristemente, parte del paisaje. Es un dato para la estadística. Todos los días lo escuchamos y extrañamente acomodamos nuestra vida como si no se tratara de nosotros, como si por algún sortilegio nunca nos fuera a tocar, como si siempre, necesariamente, los desafortunados fueran "otros". La epidermis callosa de nuestra conciencia social, el analgésico cívico que tomamos es ya una droga, para poder vivir de la mano a lo monstruoso.

Las manifestaciones feministas, sus protestas, sus gestos simbólicos nos han ayudado a ponerle rostro a una cantidad creciente de víctimas. Nos ayudan a arrancarlas de la lista, a quitarlas de la estadística, ponerles nombre y apellidos, rostros y sueños; sus gemidos nos ayudan a despertar la conciencia y descubrir la corresponsabilidad que tenemos como miembros de una sociedad depravada e insensible. Sí, las manifestaciones y los reclamos ayudan a que crímenes como los de Fátima, una niña asesinada de apenas siete años, no se vuelvan parte del panorama.

Siempre queda la pregunta, sin embargo, de si es adecuado el modo de hacerlo. Si la estrategia es la correcta. La sociedad está indignada, es evidente. Nadie quiere que ninguna mujer, sea bebé, niña, adolescente, joven, adulta o anciana sea víctima de la violencia. Todos queremos acabar con esta funesta "estadística". ¿Qué estamos haciendo mal? Quizá la protesta es justa, pero el modo no resulta adecuado y termina por ser ineficaz cuando no, tristemente, utilizado para respaldar otras oscuras agendas políticas. Es doloroso que algunos lucren políticamente con el sufrimiento de la mujer. Resulta un postrer agravio quererlas convertir en palancas políticas, para respaldar una ideología o una agenda completamente ajena a su sufrimiento.

No se trata solamente de que la destrucción de las estructuras sociales, los monumentos, los espacios públicos comunes no sirva absolutamente de nada a la causa. No se trata de un hecho evidente: una realidad mala no se arregla con otra negativa. Al contrario, el mal se difunde, se multiplica, el malestar social crece y "a río revuelto, ganancia de pescadores"; la violencia se legitima como forma de reclamo, cuando no de vida. La medicina no sólo no es correcta, sino que, al contrario, fomenta la actitud que está en la raíz del desprecio por la vida de la mujer: la violencia.

¿Por qué no en lugar de destruir los espacios públicos y los momentos, los pocos lugares bellos que tenemos como sociedad, no luchamos por devolver su dignidad a la mujer? ¿Por qué no en lugar de afear la ciudad embellecemos a la mujer? ¿Cómo? ¿Qué está en la raíz de los feminicidios, muchas veces acompañados de violencia sexual o fruto de crímenes pasionales? ¿Por qué somos tan miopes?

Es evidente que en la raíz del mal está el desprecio a la mujer. Desprecio que se plasma al convertirla en objeto sexual, pues conduce a verla como cosa, no como persona. Desprecio que se consuma con la pornografía, pues muchas veces recurre a ficcione violentas para satisfacer al consumidor, para excitarlo. La raíz está también en el desprecio de la vida. Sí, hay que decirlo, aunque arda, aunque sea "políticamente incorrecto": las feministas del "pañuelo verde" no necesariamente fomentan actitudes que respeten la vida en general y de la mujer en particular. Fomentan conductas según las cuales es legítimo eliminar una vida inocente cuando estorba, cuando es inoportuna, cuando se opone a mi realización. La vida, para ellas, ya no es algo sagrado; no podemos extrañarnos que tampoco lo sea para quien tiene celos o deseos vehementes. Hay que ir a las raíces del problema: el permisivismo sexual que despoja a la mujer de un rostro, una historia y unos sueños, para quedarse sólo con sus atributos sexuales, y el desprecio por la vida, que le quita su dignidad y carácter sagrado, y pierde el miedo a privar a nuestros semejantes de lo que les dio Dios.

Instrumentalizar a la mujer

La marcha del 8 y el paro del 9 de marzo de 2020 ofrecen dos lecturas, dos posibilidades y dos perspectivas bien diferentes. Dependiendo de cuál sea la narrativa que se apodere del acontecimiento, el mensaje transmitido será no sólo diverso, sino radicalmente opuesto.

La narrativa original nos dice: la indignación causada por los feminicidios, particularmente grave y escandalosa cuando se trata de niñas pequeñas, como tristemente ha ocurrido, nos impulsa a manifestarnos, a romper la monotonía, a evitar que caigan en el olvido y formen simplemente parte de la estadística. Por eso marcharán –nos han pedido a los hombres que no lo hagamos–, por eso se justific el "día sin mujeres", para dar visibilidad a tanto sufrimiento, inseguridad e impunidad. Pienso que nadie podría reclamar tal medida; otra cosa es estar de acuerdo con destruir el patrimonio nacional con tal motivo, pues hacerlo no contribuye a resolver el problema y, por el contrario, obtiene una sociedad más fea de lo que ya es.

Pero la narrativa alternativa, preconizada por algunos de los grupos radicales que promueven marcha y paro, incluye un mensaje diferente, anejo, que no ha sido pactado y que no se justific ni se desprende de los tristes casos de feminicidio o de la inseguridad imperante en la sociedad. Cuando como primer rubro reclamado del pliego petitorio se incluye el aborto, no podemos sino reconocer que ése no es el motivo que nos ha congregado y que nos une, no es aquello que justific el movimiento ni la indignación generalizada. Nos están metiendo gratis a un polizonte no deseado. Y, al hacerlo, están profanando el movimiento, pues instrumentalizan arteramente el sacrifici y el dolor de las víctimas, para capitalizar una causa que en ningún momento tiene el respaldo y el apoyo masivo de la sociedad.

Se trata de una vil instrumentalización de la indignación generalizada, es decir, de los feminicidios, cuyo propósito es capitalizar una causa que ni de lejos tiene ese respaldo. Al hacerlo infringen un agravio póstumo a las víctimas, pues las utilizan para una causa que ellas no defendieron. Lucran políticamente con su deceso. Vivimos en una sociedad democrática: si están a favor del aborto, nadie les impide manifestarse para tal efecto, pero que sean claras en su convocatoria. ¿Por qué no lo hacen así? Porque saben que ni de lejos tendrían el respaldo del que goza el repudio al feminicidio.

Pero, además, meter al aborto en el combo de reclamos es contradictorio, poco coherente, disonante con la temática central de la protesta. ¿Qué justific el reclamo? La violencia, la patente incapacidad de las autoridades para hacerle frente, su fracaso rotundo, pues crece a pasos agigantados. ¿Qué es el aborto? Un acto de violencia, se vea por donde se vea. No es un acto natural, ni previene la violencia, sino que la ejerce en el seno mismo de la mujer. Pero ¡la violación es violencia! Sí, y el aborto también. Se remedia la violencia con violencia, y se convierte así en un mal crónico, se agudiza la espiral, y se legitima como medio para resolver conflictos Sobra decir, además, que, por lo menos en la mitad de las ocasiones, esa violencia se esgrime contra una mujer, aunque pequeñita y en seno de su madre, haciéndola así más odiosa.

Si lo que justific la marcha es la inseguridad y la violencia en contra de la mujer, por extensión, podría decirse que es una marcha y un paro contra la violencia en general, y contra la mujer en particular, sin hacer un uso ilegítimo o abusivo de la causa. Una marcha que testimonia la inefic -

cia de la autoridad para frenar la espiral de sangre que asfixi nuestro país. Por eso es contradictorio incluir en sus reclamos al aborto, por eso no es disonante con tal reclamo repudiarlo con ocasión de la marcha y el paro: finalment es un acto de violencia que la mitad de las ocasiones se ejerce contra la mujer.

¿Qué se puede hacer entonces? Si uno quiere participar en la marcha, dar visibilidad al hecho de que se opone a la violencia contra la mujer, pero también a todo acto de violencia, incluido el aborto. Es decir, puedes participar portando el pañuelo azul, símbolo de la defensa de la vida. Puedes dar visibilidad al hecho de que eres pro vida e impedir que te utilicen para legitimar una causa por la que no luchas, y con intervención en redes sociales y medios de comunicación.

Desafíos del feminismo

No podía faltar en clase la consabida discusión sobre el feminismo, la marcha y el paro. Una alumna sobresaliente opina: "las radicales feministas son un ejemplo, son unas valientes, pues han sabido capturar la atención pública con sus gestos desafiantes" De pronto todo encaja: ¿por qué las marchas pro vida y pro-familia parecen estar condenadas a la irrelevancia pública con escaso o nulo caso de los medios? ¡Porque son pacíficas! ¡porque son ordenadas!, ¡porque son respetuosas! Porque son ingenuas… ¿Qué tenemos que hacer para que se nos tome en cuenta? ¡Violencia!

No le falta razón. Han monopolizado la atención pública estos días. ¿Cuál es el saldo? Bombas molotov detonadas, una policía quemada, vandalismo en el patrimonio nacional, templos, comercios, ¡ni los bomberos se han salvado! (hay que tener "mala leche" para dañar a quienes desinteresadamente se preocupan por la seguridad de todos los ciudadanos). Relevancia exige violencia; la violencia funciona como amplificado de un justo reclamo.

El mensaje es: "la violencia funciona como vía de legitimación". Es eficaz La marcha es violenta y como hemos sufrido violencia tenemos derecho a destruir la ciudad, el patrimonio histórico, los comercios, los templos. "Podemos ejercer la violencia frente a quienes defiende monumentos, templos o portan el pañuelo azul pro vida, porque las que organizamos la marcha somos del pañuelo verde, pro-aborto". Ejerce la violencia para acabar con la violencia.

Se clausura así el diálogo y la discusión racional como medios ineficace para resolver los conflictos Tal remedio, sin embargo, más que resolver el problema, lo agrava: agudiza la espiral de violencia al responder violentamente y fuera del marco de la ley a las ofensas violentas y al margen de la ley. Promueven la misma lógica que rechazan. No es de extrañar tampoco que promuevan el aborto, finalment un acto de violencia que se mueve dentro de la misma lógica.

Queda en el aire la pregunta: ¿hicieron bien los obispos mexicanos al respaldar tanto la marcha como el paro? Pareciera que no, dado que muchos templos fueron agredidos, así como los fiele que los protegían. Lo dijo claramente el mismo cardenal Sandoval, arzobispo emérito de Guadalajara. Sin embargo, es un hecho que la sociedad en general y la juventud en particular respaldan este movimiento, pues tiene justas y legítimas demandas: los feminicidios, la violencia soterrada pero real hacia la mujer, así como cierta desigualdad laboral.

La clave está en quién enarbola la causa y lidera el movimiento, y con él, sus justas demandas: grupos radicales que envenenan el alma de los jóvenes y los incitan a la violencia como forma de resolver los conflicto sociales. Sin embargo, la inmensa mayoría de las mujeres que participaron no comparten la ideología abortista ni laicista quema-curas y quema-templos. La inmensa mayoría de quienes participaron fueron mujeres normales, responsables civilmente, que decidieron comprometerse y poner su granito de arena para terminar con los feminicidios, las diversas formas de violencia hacia la mujer, la desigualdad y el miedo que tantas veces las ha acompañado. Tienen todo el derecho de vivir en una sociedad diferente.

Por eso los obispos hicieron bien en apoyar, a pesar de los desmanes sufridos en iglesias; porque no son todas, ni la mayoría las anticlericales abortistas. Se trata de un grupo activista, pequeño en número, pero grande en influencia No debemos dejar que capitalicen ellas solas la indignación pública. Se precisa, sin embargo, una presencia más protagónica de mujeres conciliadoras, que sepan encontrar los puntos en común, con los que estamos todos de acuerdo, con la madurez y la capacidad para convocar una marcha pacífica También porque la violencia deslegitima la causa, máxime cuando es infringida hacia mujeres, sean policías o fiele que defiende sus templos. Resolver el problema requiere una sinergia que aúne a todas las mujeres en torno a un tema concreto: eliminar la violencia y la discriminación hacia ellas, sin incluir abusivamente temas no pactados, como el aborto y los tintes anticlericales. De esta forma, abortistas y pro vidas, practicantes y laicistas, podrán estar unidas en torno a la legítima causa que las une: la defensa de la mujer, denunciar la violencia y la desigualdad de la que es objeto. Y con ello, ganará fuerza, claridad y legitimidad su improrrogable reclamo.

Nuevos desafíos del feminismo

En un set de televisión se encuentran Miss Ayacucho, un transexual, y un sacerdote. En el panel televisivo se discutirá la oportunidad de que los transexuales participen en concursos de belleza, estilo Miss Universo. Detonante de la polémica es Jenna Talackova (Walter Talackov), el transexual ganador de Miss Vancouver, que luchó para ser admitido en Miss Canadá. El sacerdote era yo, y debo confesar mi perplejidad por participar en esta discusión surrealista. Felizmente conseguí que Miss Ayacucho peleara con el transexual, pues obviamente ella no estaba de acuerdo con que ellos participaran, en todo caso sugería que hubiera un concurso especial para transexuales (seguramente la audiencia televisiva sería muchísimo menor).

Tal encuentro no pasa de ser una anécdota, pero en realidad perfil lo que podría llamarse en toda regla "La cuarta ola del feminismo", o más sencillamente "los nuevos desafíos del feminismo". Durante siglos la mujer ha luchado, y con razón, por no ser relegada en la vida social, por no estar excluida de las actividades que tradicionalmente desempeñan los hombres, por el sólo hecho de ser mujeres. Pero ahora la realidad se invierte, el mundo ha dado muchas vueltas y algunos hombres se hacen pasar por mujeres, a quienes relegan nuevamente. La mujer antes era desplazada por el hombre, ahora que ha conseguido en gran medida una condición de igualdad, se enfrenta a un nuevo desafío: el de hombres que se hacen pasar por mujeres y que las desplazan en su propio terreno. Nuevamente la mujer es subyugada por el hombre, aunque de manera diferente.

Las mujeres comienzan a ser desplazadas en muchos ámbitos por hombres que se convierten en mujeres. Un breve elenco da mucho que pensar: Caitlyn Jenner (anteriormente Bruce Jenner, medallista olímpico y padrastro de las Kardashian) portada de *Vanity Fair*, declarado "Mujer del Año" por la revista Glamour, en el 2015. Daniela Vega, transexual protagonista de "Una mujer fantástica", "reconocida" por el diario El Mercurio en el Día internacional de la mujer como una de las "mujeres" más importantes en la historia de Chile.

Sin embargo, no todo es frivolidad en el "empoderamiento" de los hombres convertidos en mujeres dentro del ámbito femenino. Hay páginas más oscuras. Así, recientemente el transexual belga Nilika Dobronev mandó a la tumba a su contrincante, nacida mujer, Shang Mau Bi en los primeros instantes del primer *round* de "vale todo" donde peleaban. No es el primer caso, ya anteriormente el transexual Fallon Fox apabulló brutalmente a su contrincante Tamikka Brents (mujer de verdad) en apenas dos minutos, a quien le fracturó el hueso orbital y le produjo conmoción cerebral. Laurel Hubbard (neozelandés nacido Gavin) fue campeón internacional 2017 de halterofili femenina en Australia. Jessica Millamán consiguió, tras tenaz lucha, ser admitida en la liga femenil de hockey argentina. Muchas jugadoras han reclamado pues afirma que tiene fuerza de hombre y, o se niegan a jugar con ella o no la marcan durante el juego por temor, claro está. En fin la lista podría seguir, pero lo que resulta evidente es que, por satisfacer los devaneos de una minoría, las que pagan el plato, una vez más, son las mujeres.

A lo anterior hay que unir el delicado tema de los vientres de alquiler. Para satisfacer la demanda de niños que las parejas homosexuales reclaman, deben "utilizarse" convenientemente sendas mujeres como incubadoras vivientes. Se firm un contrato y pierden el derecho sobre el niño, aunque se encariñen con él, pues ya "lo han vendido". Aquí la violación no va sólo contra la pobre criatura objeto de compraventa como en los mejores tiempos de la esclavitud, sino en la mujer utilizada como máquina engendradora.

La pregunta entonces es, ¿será el feminismo contemporáneo capaz de ir en contra de lo políticamente correcto y defender a la mujer real, relegada por los caprichos de una minoría? ¿Podrá hacer frente a la ideología de género en lo que se refier a convertirla en máquina incubadora de niños para satisfacer las ansias de paternidad de los homosexuales?, ¿será capaz de hacer frente a la millonaria industria del sexo, que lucra convirtiendo a la mujer en objeto sexual, mediante prostitución, pornografía y trata de personas? ¿Estará a la altura de los desafíos contemporáneos?, ¿será capaz de rectifica el rumbo y reconocer lisa y llanamente que nada engrandece tanto a la mujer como la maternidad, y que nada puede otorgarle igual plenitud humana, pues nadie ama más que las madres, ni nadie es más amado que ellas? No lo sabemos, pero podemos esperar que "la cuarta ola del feminismo" esté a la altura de los desafíos del siglo XXI.

III
Aborto

La realidad del aborto goza de un extraño protagonismo en la sociedad contemporánea. Se trata de un fenómeno transversal que interpela directa e implícitamente la conciencia de todas las personas. Un fenómeno frente al cual, en algún momento en la vida, es ineludible tomar partido. Transversal porque puede abordarse desde múltiples perspectivas y aspectos de la vida humana: es un tema médico, moral, legal, político y cultural. Su aceptación o rechazo da lugar a visiones divergentes, cuando no antagonistas, de la persona, la mujer, la familia, la vida, la sociedad, los derechos y la política. Da lugar a nociones inconciliables de lo que signifiqu dignidad, vida o persona, según se acepte o rechace.

Lo anterior explica que el tema pueda tener multiplicidad de aproximaciones. Los siguientes ensayos, publicados separadamente, para un grupo de jóvenes, fruto del diálogo con ellos, son una muestra de esto. En ellos se puede recorrer la geografía de América, de Argentina a Estados Unidos, pasando por Perú y México. En ellos comparecen cuestiones legales, políticas, mediáticas y culturales, para abordar así los diversos fleco del problema. Forman, en su conjunto, un mosaico desde el cual puede tenerse a vuela pluma, y al modo de un cuadro impresionista, una panorámica de la complejidad de esta realidad, dolorosa y profundamente humana.

Los nuevos mártires profesionales

La corrupción del derecho avanza aceleradamente. Somos testigos de cómo se vende al mejor postor y se pone al servicio de agendas ideológicas o campañas políticas, según sea el caso. La justicia se prostituye, absolviendo a culpables, castigando a inocentes, en un desesperado intento por manipular la realidad, engañarnos y convencernos con su triste propaganda.

Quizá el caso reciente que mejor lo evidencia es el del doctor Leandro Rodríguez Lastra, competente profesional argentino que en 2017 salvó la vida de un niño prematuro en gestación y de la madre, víctimas de un intento fallido de aborto. Como buen profesional y hombre de palabra, coherente con el juramento hipocrático solemnemente pronunciado al inicio de su carrera profesional, salvó las dos vidas. Es decir, no se limitó a salvar a la madre y proseguir con el aborto fallido, y asesinar al hijo. Por este terrible "crimen" fue denunciado, no por la madre, sino por la diputada Marta Milesi, defensora del aborto. Claramente la intención es amedrentar a los médicos que quieran salvar las dos vidas, en un intento de obligarlos "por ley" a matar.

Lo peor es que el tribunal ha declarado "culpable" al doctor de "incumplir sus deberes como funcionario público"; es decir, existe el "deber de matar". Queda claro entonces que el Estado impone la "obligación de matar" a todos los médicos, y cualquiera que la incumpla será severamente castigado. El doctor Rodríguez Lastra fue condenado a un año y dos meses de prisión, más dos años y cuatro meses de inhabilitación.

Mártir signific "testigo". Un auténtico mártir es testigo de la verdad, alguien que da su vida por la verdad. El mártir por excelencia es Jesucristo, que dio su vida por la verdad. El pseudomartirio es la perversión de esa verdad, cuando alguien asesina por una presunta verdad, como el de los terroristas islámicos que se inmolan asesinando. El mártir en cambio es el que sufre injustas agresiones por defender la verdad y la dignidad de su conciencia. Ahora, algunos médicos tienen que dar testimonio y arriesgar su carrera y su futuro económico por defender la vida. De alguna forma son mártires que defiende la vida.

El doctor Leandro Rodríguez es testigo a un tiempo de la dignidad de la vida, de las dos vidas, madre e hija, y de la integridad de la profesión médica, que no somete al "deber" de matar. Es mártir de su conciencia y competencia profesional que supo sacar adelante a un niño de 23 semanas de gestación que había sufrido un intento de aborto. No es un martirio físico sino "profesional". Está condenado a sufrir injustas vejaciones por no plegarse a una agenda ideológica o política. Pero es sólo el principio. Cual efecto dominó, los prepotentes detentores del poder seguirán persiguiendo, cual caza de brujas, a todo aquel que no comparta sus dogmas de la muerte. Han logrado hacerse con la impartición de la justicia y la han sometido a sus intereses. El derecho está preso de la política y la ideología.

Esta nueva persecución, este nuevo martirio, será testigo también de la integridad de nuestras convicciones; si nos plegamos dócilmente al canto de las sirenas, al son del que manda, o si valientemente somos testigos de la dignidad de nuestra conciencia y del valor de la verdad y de la vida humana. Seguramente abundarán casos de "comprensible corrupción", es decir, personas que nada tengan en contra de la vida o del valor de la profesión médica, pero que tampoco tengan las agallas de cargar con las consecuencias. Los que imponen su ideología confían en esta mayoría cobarde, dispuesta a cambiar de modo de pensar a cambio de no tener problemas o adquirir un privilegio.

La experiencia muestra, sin embargo, que el auténtico martirio es atractivo y seduce a las almas más grandes. Tiene un efecto multiplicador de espíritus libres y fuertes, que no están dispuestos a someterse a dogmas prepotentes. El martirio es augurio de un mejor mañana, y mantiene la esperanza de que algún día podamos liberar de nuevo a la justicia de sus inicuos captores. Así, si por un lado es de temer que el ejemplo de Leandro se multiplique, esa misma multiplicación, a la larga, es motivo de esperanza, pues no podemos vivir siempre cautivos de la mentira.

Nonatos argentinos

Hace unos días tuve la bendición de poder administrar el bautismo de emergencia a una pequeña nacida seismesina, en neonatología de una clínica. Fue una experiencia maravillosa, con bata, guantes, cabello cubierto, tapabocas, al lado de los emocionados padres que sostenían a la pequeña de un kilogramo de peso, mientras yo derramaba tres gotitas de agua sobre su cabeza e invocaba al Dios Uno y Trino. En la sala había aún otra niña más pequeña, de 600 gramos, que luchaba por vivir, agitaba sus bracitos, estornudaba y tenía su pañalito. Las enfermeras que las atendían eran un verdadero equipo de ángeles, que derrochaban miel y cariño en el cuidado de los bebés.

¿Cuál es la diferencia entre estos niños prematuros, que luchan con su vida a la par de sus esperanzados padres y los niños que presumiblemente nunca verán la luz si se legaliza ahora el aborto en Argentina? Físicamente ninguna. La fatal diferencia es que unos son deseados y otros no. El derecho a vivir estriba en el deseo de un tercero, en la voluntad de alguien, cuando no en el capricho. La vida ya no se considera un bien absoluto, ya no responde a la dignidad, a un valor intangible. Sólo el deseo de otro hombre permite vivir al hombre, y si un hombre no es deseado, otro hombre tiene "derecho" de eliminarlo. La violencia se consagra como garante de legalidad, pues nada más violento que descuartizar a un niño en el vientre de su madre.

Hace tiempo, un buen amigo alemán me contaba, horrorizado, que el mismo médico que había colaborado en el parto de su mujer para traer al mundo a su hija, al terminar cambiaba de sala para practicar un aborto a otra mujer. No hubo solución de continuidad: primero una cosa, luego otra. Primero una niña deseada, luego un niño indeseado. La técnica al servicio del deseo en menoscabo de la dignidad. La vida humana sólo vale si es querida.

El debate sobre el aborto hace mucho tiempo que dejó de ser racional. Ahora es cuestión de voluntad, de fuerza, de capacidad de imponer los propios criterios. Las armas no son entonces racionales, puede decirse ahora que, en la guerra, en el amor y en el aborto todo vale. Pero lo más efica es mentir y corromper. ¿Curiosa la inversión de la balanza de último momento en los legisladores argentinos?, ¿será que tuvieron una revelación?, ¿habrán visto la luz? No quiero levantar sospechas, pero es muy extraño, como extraña fue la injerencia de Soros en la campaña pro-aborto de Irlanda.

La legalización del aborto se ha servido siempre de la mentira: ha sido así desde el lejano juicio Roe *vs.* Wade, que en el 1973 abrió la puerta al aborto en Estados Unidos. Años después, Norma McCorvey escribió *"I Am Roe"* ("Yo soy Roe"), en que relata cómo mintió en el juicio: nunca fue violada, era simplemente una chica con una vida sexual promiscua que quedó embarazada y fue contratada por el *lobby* abortista para "hacerse la víctima" (siempre es importante) y decir que había sido violada y quería abortar. Bernard Nathanson, el "rey del aborto" –que con sus propias manos practicó 75 mil, incluido un hijo suyo, y que al ver cómo se defendían los fetos del aborto, gracias a las ecografías, abandonó esta práctica–, con el tiempo reconoció que mintió conscientemente sobre el número de abortos clandestinos y la mortalidad materna para generar una opinión pública favorable al aborto. Infl las cifras, pues no existía ninguna fiable

La lista de mentiras, juego sucio, presiones, etc., puede seguir. La política ahora es sexual y el aborto es pieza clave. Pero la estrategia básica es prescindir de la razón, incluso científica Hay que apelar al emotivismo, a los sentimientos, a los casos límites exagerados, pero, sobre todo, exaltar la voluntad. No puede haber ningún límite para la libertad o la mal llamada "autodeterminación". Sólo mi voluntad, en este caso de la mujer, puede decidir quién vive y quién no, sin necesidad de ninguna explicación. En la ley argentina no cabe, ni siquiera, apelar a la objeción de conciencia: si el médico o la enfermera no lo quieren practicar, son obligados a ello, bajo pena de cárcel. Es una época de oscuridad, donde prima el capricho y se cierran los ojos a las evidencias científicas las cuales muestran que el concebido tiene ADN diferente de la madre y en él se contiene la información que condiciona su desarrollo en forma ininterrumpida desde que es embrión hasta su muerte. No importa, sólo importa si quiero o no tenerlo, no hay que explicar nada más, la prepotencia se hace derecho y desplaza a la justicia; la ley del más fuerte socaba la civilidad; una pantomima de "legalidad" encubre la prepotencia.

Dictadura del aborto

Con una mezcla de terror y perplejidad estudio la ley que los legisladores argentinos acaban de aprobar –en el momento de redactar estas líneas está a la espera de confirmació por los senadores del país– donde tácitamente se reconoce al aborto como un "derecho fundamental", un "súper derecho", en el sentido de que prima sobre otros muchos reconocidos en la Constitución argentina y los tratados internacionales, que pasan a ser letra muerta, sobrepujados por la "prioridad" del aborto.

Vértigo, estupefacción es lo que produce esta ley. Siempre se ha considerado la eventualidad de "despenalizar el aborto", por muchos motivos: nadie denuncia a una mujer que aborta; más que digna de cárcel es digna de compasión; se dan de hecho abortos clandestinos en condiciones insalubres y es menester proteger a las madres; es una realidad indeseable, pero se da de hecho y hay que regularla; a veces es fruto de una violación y un largo etcétera. Pero siempre se trata de "despenalizar", es decir, algo no deseado a lo que se ofrece una "solución" límite, de emergencia que, sobra decirlo, no respeta los derechos humanos detrás de todas sus eufemísticas justificaciones

Pero lo que sucede en Argentina es novedoso. No es "despenalizar" el aborto, sino de convertirlo en un derecho y no cualquier derecho, sino en "el derecho", un súper derecho que desplaza otros fundamentales, como el de libertad de conciencia, libertad de profesión, libertad de pensamiento, patria potestad de los padres, etc. Una rápida visión de lo radical de esta ley no deja lugar a dudas.

Legitima el aborto irrestricto hasta las 14 semanas, sin necesidad de ninguna causal, simplemente porque quiero abortar. Pero, en realidad, permite de hecho el aborto hasta los nueve meses; sí, leyó bien, a los nueve meses, puede salir la cabeza del feto y cortarla, no es homicidio, es aborto y es un derecho. ¿Cómo así? Basta para legitimar el aborto después de las 14 semanas señalar que existe un riesgo para la salud física, psíquica o el desempeño social de la mujer. No se requiere que ese "riesgo" (nótese, "riesgo", no "peligro") pueda ser eliminado por otros medios, basta que exista. Y un "riesgo" psicológico puede ser "sentirse incómoda"; un riesgo social puede ser "vergüenza de asistir a clases o dificultade laborales". Aun así, si alguien incurriera en un aborto sin ampararse en tan amplio margen, las penas que recibirá son mínimas, y pueden ser conculcadas por un juez. En fin de hecho, se puede abortar hasta los nueve meses.

Pero no queda ahí la cosa. Una menor de 13 años puede abortar sin el consentimiento, o contra el consentimiento de sus padres, puede incluso no informarles. Una menor de 12 puede hacerlo acompañada de una persona que le dé soporte afectivo (no necesariamente sus padres), es decir, el chico que la embarazó o el adulto que abusó de ella pueden acompañarla a que aborte.

Aún hay más. Los médicos no pueden negarse a practicar el aborto, ¡es un delito!, penado con dos a cinco años de cárcel, así como suspensión del ejercicio profesional por cinco años. Esta pena se extiende al profesional de la salud, enfermera o directivo del hospital que intente dilatar o entorpecer el aborto, pues existe un máximo de cinco días entre su solicitud y su realización. Es decir, el aborto tiene prioridad. Un médico puede entregar firmad un documento donde conste su objeción de conciencia a tan aberrante práctica, lo que abre paso a cierta discriminación profesional por este motivo; sin embargo, en caso de urgencia, de nada le sirve pues está obligado a realizarlo o hacerse acreedor a las penas señaladas más arriba. Su objeción de conciencia es entonces una herramienta de discriminación profesional y papel mojado en caso de "necesidad".

Aún hay más, los establecimientos médicos no pueden ser coherentes con sus principios y están obligados a practicar el aborto, con lo que se viola la libertad de pensamiento, organización, religiosa y no sé cuantas más. Ni siquiera pueden derivarlo a otra institución, están obligados a practicarlo, porque de no hacerlo podrían ser clausurados temporal o definit vamente. No se permite tampoco dar ningún tipo de consejo "personal, ético o axiológico" encaminado a disuadir del aborto. Es decir, sólo se puede presentar como única solución al aborto, la ley tiene como fi promover el aborto, el derecho fundamental es el derecho al aborto que tiene precedencia sobre todos los demás. Es la embriaguez de la cultura de la muerte.

Una batalla, no la guerra

Después de tenernos por más de un mes con el alma en vilo a quienes amamos la vida, las dos vidas y la dignidad humana, el senado argentino ha dado muestras de honradez y valentía al rechazar la ley que promovía el aborto en ese país.[1] Valentía porque fue una batalla desigual; claramente el fie de la balanza estaba inclinado hacia la opción abortista: el gobierno de Macri, los diarios argentinos más importantes, la prensa internacional en su mayoría, todos presionaban para que dijeran "sí" y dijeron "no."

Esta victoria supone una bocanada de esperanza frente a una tendencia ciega y suicida de una sociedad que, prepotente, no quiere reconocer el derecho más básico, el de la vida. Una sociedad que no quiere ir a la raíz del problema y, mientras fomenta la más irresponsable promiscuidad sexual, se escandaliza de los embarazos no deseados. Una sociedad que no desea escuchar nada sobre el sentido de la sexualidad y el valor de la vida. Pero, felizmente, el sentido humano, la cordura y el sentido común han imperado, a pesar de los pesares, en esa sociedad.

Ahora bien, se trata de una victoria parcial, no de la guerra. Pues, como mostraron en esta ocasión los perdedores, "no saben perder." Es lógico, todo su discurso es de violencia e intimidación, de la más fanática irracionalidad. Con el fervor de un fundamentalista volverán a la carga para intentar imponer su cultura de la muerte, del permisivismo, de la violencia antagónica. Con la organización propia de un credo de muerte, están orquestados en toda América latina, piloteados a distancia por inmensos capitales económicos e intereses ideológicos, de *lobbies* políticos y financiero transnacionales.

---

[1] Tristemente, el miércoles 30 de diciembre de 2020 se legalizó el aborto en Argentina hasta las 14 semanas de gestación. Los artículos sobre el aborto en Argentina fueron redactados con anterioridad a esa fecha.

No hay que bajar la guardia, Irlanda cayó, Argentina era la punta de lanza en Latinoamérica, pero la ofensiva ya está en marcha: Perú, Ecuador, México, etc., tienen la misma estrategia, las mismas pañoletas verdes. Fue decisivo que el primer paso fuera en falso, para evitar el "efecto dominó"; que se pusiera de moda establecer leyes inicuas que promuevan el aborto y limiten drásticamente otros derechos ciudadanos ante ese supuesto "súper-derecho."

Hay que aprender también del triunfo argentino, el cual tiene tres claves fundamentales: Primero la sociedad civil se organizó, se tomó en serio, como un tema importante, la defensa de la vida y lo que en esta ocasión estaba en juego, que no era poco: la libertad de conciencia, la libertad de organización y pensamiento, el libre ejercicio de la profesión para médicos y enfermeras sin ser constreñidos para actuar contra sus convicciones, la tutela de los padres sobre sus hijas menores de edad. Es decir, era una ley digna de Stalin la que querían colocar, y la sociedad dijo "no". O, en positivo, dijo: "Salvemos las dos vidas", mientras con su pañoleta azul contrarrestaba la verde abortista. Médicos y enfermeras se unieron y, valientemente, dieron visibilidad al mensaje "no cuenten conmigo".

En fin una muchedumbre en Argentina y fuera de Argentina hizo lo posible para hacer oír su voz e impedir que la otra opción tomara el papel de un "clamor popular" en favor del aborto. La causa de la muerte no es popular, se trata solamente de una minoría muy bien organizada, una *mainstream* intelectual, que asume (falsamente) que nada debería limitar la libertad individual, que el deseo del individuo es imperativo ético, y que está fuertemente afectada por el hedonismo, el emotivismo y el materialismo (por eso no aceptan razones que les parezcan venir de la fe o la metafísica) y un buen acervo de "idiotas útiles" que son utilizados para darle cuerpo.

La segunda clave del triunfo podemos descubrirla en el poder de la oración, y una oración ecuménica. Pues católicos, cristianos, judíos o personas que simplemente creen en Dios sin tener una afiliació religiosa concreta elevaron al cielo durante este largo periodo un clamor incesante para pedir que no prosperara la inicua ley. Fue un bello ejemplo de cómo debemos poner todos los medios humanos sin olvidar los sobrenaturales. Cristianos de distintas denominaciones, tantas veces divididos, ahora estábamos unidos en oración pidiendo por la vida. Un hermoso ejemplo de lo que podríamos llamar el "ecumenismo de la vida."

En tercer lugar, muy relacionado con lo anterior, casi me atrevería a decir que dependiente de la oración, fue la esperanza que nada hace desfallecer. En efecto, el pronóstico era oscuro. El precedente irlandés ingrato, los diputados que ya habían aprobado la ley, varios de ellos cambiaron su postura en el último momento, vendidos al mejor postor, hacían temer lo peor. Parecía un ejemplo de una inexorable ley de la historia, una moda imparable frente a la que no nos quedaba sino resignación. Y, sin embargo, como un partido que se comienza perdiendo, la esperanza tuvo la virtualidad de darle la vuelta al marcador.

Ahí están las claves del éxito que debemos *viralizar* para defender la vida: sociedad civil organizada, comprometida, activa y decidida; el poder de la oración por la vida, más allá de las fronteras religiosas; una esperanza, que es confianz en Dios y en la humanidad de los corazones, que nada hace desfallecer, y que nos vuelve "inasequibles al desaliento".

Libertad de agresión

Ya se está haciendo costumbre que las marchas en favor del aborto incluyan una fuerte dosis de violencia. Atacar templos católicos, grafitearlos amagar con incendiarlos forma parte del menú, de la fiest abortista. A ello se une la burla, sátira y mofa de los símbolos religiosos, pública e impunemente pisoteados. Se trata de un acto provocativo disonante con la cultura cívica de la sociedad. En efecto, quienes están involucradas en dichas marchas confunden "libertad de expresión" con "libertad de agresión". La primera es real, la segunda no existe.

Lo extraño es la pasiva connivencia de las autoridades para defenderse de las agresiones incivilizadas, características de estas protestas. En una especie de miedo atávico, de tabú, quizá por temer lesionar la "libre expresión", o por tener asimilados en lo más profundo del inconsciente, prejuicios "machistas", que conducen a respetar a la mujer y a no tocarla "ni con el pétalo de una rosa", terminan por permitir una manifestación violenta y grotesca a la vez. Es decir, fracasan a la hora de custodiar el orden establecido, el derecho de propiedad y la libertad religiosa, no se sabe muy bien por qué, como si padecieran de una especie de "error en el programa" o "punto ciego del sistema"; situación que los deja perplejos, carentes de los protocolos necesarios para enfrentarla.

Las autoridades encargadas de custodiar el orden público, en una mezcla de perplejidad y aturdimiento, fracasan en su cometido, víctimas de su pasividad; pero la sociedad sufre también el mismo fenómeno de parálisis moral y cívica, incapaz de hacer respetar sus derechos ni el orden público. Quizá por el mismo motivo: machismo interiorizado en lo más profundo del inconsciente colectivo, dejan que la mujer grite, destruya y realice todo género de manifestaciones histéricas. Resulta extraño, sin embargo, dado que vivimos en una sociedad fuertemente sensibilizada frente la violencia. Desde la más tierna infancia se les enseña a los niños a respetar a sus iguales, más aún a las mujeres, pero, en general, a todo: animales, plantas, naturaleza, las ideas de los demás, la diversidad. Se ponen letreros por todos lados que invitan a la tolerancia, a la no discriminación, se desarrollan habilidades y competencias de comunicación y empatía. Sin embargo, incomprensiblemente, se tolera este tipo de manifestaciones agresivas y violentas.

Lo más disonante, en efecto, es que se tiene una hipersensibilidad por la violencia del lenguaje, hasta el punto de crearse "zonas seguras"; se estira el uso del término "violencia" mucho más allá de su significado en ocasiones hasta confundir ser violento con disentir civilizadamente de la opinión ajena. En algunos temas, de hecho, la libertad de expresión se limita; hay cosas que no se pueden decir, ni siquiera educadamente y con fríos datos duros, por temor a incomodar u ofender. Esto se da, de forma particular, en los "espacios seguros" que se construyen dentro de la sociedad. En el fondo, se es libre de expresar lo que se piensa, siempre y cuando se piense lo mismo que lo que el discurso dominante ha impuesto como verdad. Por contrapartida, el discurso de estas marchas, no sólo "incita a la violencia", sino ser francamente, crudamente, descaradamente violento e incluso grosero, soez. Sin embargo, al respecto, "nadie dice nada". Se impone un absurdo silencio, en aras de la civilización, la tolerancia y el respeto, frente a una actitud claramente incivilizada, provocativa y violenta. La diferencia de medidas es escandalosa, la pregunta es ¿por qué?

De hecho, nadie puede dudar que el aborto es un acto violento, no natural. Se trata de introducir la violencia en el seno de una madre. Es lógico que para justificarl se utilice un lenguaje y una actitud violenta, pues lo que se reclama es el "derecho" a ejercer la violencia. Ello explica la incivilizada actitud de las protestas, pero no la pasividad de la sociedad y el "mirar a otro lado", e ignorar los daños infringidos durante las protestas o los derechos cívicos claramente violados o pisados durante su desarrollo.

Una posible respuesta para aclarar el "enigma" es que la reacción absurda y surrealista frente a este tipo de atentados es la "punta del iceberg". En efecto, aquí aparece claro cómo toda la parafernalia civil, de la civilizada sociedad democrática moderna, se viene abajo si se rechazan sus fundamentos, si se secan sus raíces. Precisamente son sus fundamentos cristianos los que le han llevado a reconocer la dignidad humana y a actuar civilizadamente en consecuencia; desplazados éstos, la sociedad y las instituciones quedan a merced de quien detente el poder de facto, poder político, mediático, o ambos. Sin ese fundamento, sin esa raíz, no hay forma de hacer frente a la prepotencia y a la violencia, ni de custodiar eficazment los derechos ni la convivencia civilizada.

Netfli *vs.* Georgia

El aborto abruma. Aparece por todos lados, hasta en la sopa. Es la agenda política por excelencia, la que decanta a una sociedad a la espiral del capricho y la prepotencia, o la que mantiene, como algo intangible y en cierta forma sagrado, el valor de la vida. Dice el refrán, "cuando ves las barbas del vecino cortar, pon las tuyas a remojar". En Argentina, una vez más, se propuso la ley del aborto libre; los abortistas son inasequibles al desaliento. Los Estados Unidos están divididos, casi podríamos decir, geográficamente mientras los extremos como Nueva York, Massachusetts o California extienden la cultura de la muerte, el centro del país se manifiest en favor de la vida.

Lo interesante es la batalla retórica detrás del debate. Todos tienen razones, argumentos, motivos para justifica su postura. Se esgrimen con singular maestría, se manejan hábilmente los resortes emotivos de la gente, así como el arsenal de lo "políticamente correcto". Un ejemplo interesante de esta batalla emotiva y terminológica lo presenta el estado de Georgia, donde se ha firmad una ley que prohíbe el aborto una vez detectado el latido del corazón en el feto. Netflix el gigante del entretenimiento mundial, ha señalado que de entrar en vigor esa ley, dejará de invertir en el estado. No es banal la amenaza, pues después de California y Nueva York, es el estado de la unión americana con más inversión en cine y televisión. Esta industria genera alrededor de 2 mil 700 millones de dólares y 92 mil empleos.

¿Qué tiene que ver Netfli con el aborto? ¿Las leyes deben satisfacer los deseos de las productoras de cine y series de televisión? ¿Las leyes, para ser legítimas, deben ser aprobadas por la industria cinematográfica Son muchos los cuestionamientos que surgen de este enfrentamiento y, a decir verdad, dependen en gran medida del prisma desde el que se aborde la cuestión. Además, de hecho, tenemos un mano a mano entre aquellos que ostentan el poder. Poder político *vs.* poder mediático, ¿quién podrá más?

¿El político, elegido democráticamente en el estado, o el mediático, que difunde globalmente sus ideas? ¿Quién pesa más, la empresa o el gobierno?, ¿quién gobierna entonces realmente?

Ahora bien, Netfli tiene sus razones, y parecen justas: "Tenemos muchas mujeres trabajando en producciones en Georgia, cuyos derechos, junto con el de otros millones, estarán severamente restringidos por esta ley". Es decir, parte del hecho, como si fuera algo obvio, de que el aborto es un derecho humano y el restringirlo viola los derechos de la mujer. Netfli enarbola entonces la causa de la mujer. ¿Y qué es lo que dice esa ley, calificad exageradamente de "draconiana" por sus detractores? Que se prohíbe el aborto una vez detectado el latido del feto. Algo tan evidente como obvio, de forma que es pasado por alto con demasiada superficialidad los seres humanos tenemos un corazón, el latir del corazón es señal de vida, si dentro de una mujer late otro corazón, en realidad no se trata de la mujer, se trata de otra vida, pues las mujeres no tienen dos corazones. Además, el feto puede ser femenino, es decir, mujer. Simple, elemental, obvio.

La maniobra, según se mire, puede ser un caso de "resistencia civil" donde la sociedad se defiende mediante instituciones, de la prepotencia del poder político. Netfli sería entonces una benemérita institución intermedia, con responsabilidad social, que renuncia a pingües beneficio fi - cales por defender a la mujer. Cabe, sin embargo, otra perspectiva: Netfli como punta de lanza y Hollywood detrás manipulan a las instituciones establecidas, a las autoridades legítimamente elegidas, en definit va, al pueblo y sus valores, y los presionan económicamente para que los abandonen.

Personalmente, pienso que caemos en el segundo supuesto. No nos encontramos frente a la prepotencia de lo político, sino al revés, con la prepotencia de Hollywood que quiere imponernos su visión del mundo. Ya lo hacen por medio del monopolio de la pantalla, pero si eso no basta, están dispuestos a hacerlo con boicots económicos. Finalmente, el aborto, nos guste o no, termina por ser una cuestión económica. De hecho, eso es lo que tenemos ahora en Georgia, una presión para comprar sus principios, sus valores, sus convicciones. Nos queda ver si resisten la presión. Muchos podemos ser "pro vida", pero no todos están dispuestos a pagar un precio por ello. Esperemos que Georgia, y con ella todos los que blindan la vida, aguanten la presión y no sometan la dignidad humana a criterios económicos o utilitaristas. Sólo así, al aceptar el sacrifici que sea preciso para defender el valor intangible de la vida, frenaremos la prepotencia del dinero.

Globos, ¿de oro o de la muerte?

Muchas personas, con una mezcla de perplejidad y tristeza, escuchamos cómo la actriz Michelle Williams atribuía a su "derecho a decidir", un eufemismo del aborto, el poder recibir un Globo de Oro. Gracias al aborto pudo obtener un premio. Gracias a su defensa del aborto, con perorata política y feminista aneja, su discurso trascendió. Mostró así cómo aborto y fama van de la mano. Más surrealista fue escuchar los fuertes aplausos y la emoción de las "estrellas" de Hollywood, celebrando su "decisión" y su "valentía", celebrando la muerte…

Muchas cosas bullen en la mente al observar este espectáculo esperpéntico. Quizá la más trágica sea la mentira. Michelle Williams, por la dinámica de su discurso, cree que es una obligación moral y una forma de agradecer a la vida, poder compartir su historia con el público. ¡Incluso agradece a Dios gozar de la libertad de eliminar seres humanos! Digamos que sería como parte de su responsabilidad social despertar a las mujeres para que exijan sus derechos y participen de forma consciente, con espíritu de cuerpo, en la vida pública. Es decir, está totalmente convencida de su fatal error. De que no se debe mirar con resignación lo que "pasa en su cuerpo" y, en cambio, "tomar sus decisiones". El error y la mentira se han apoderado de su mente, y por ello hace tan brava y orgullosa defensa del "aborto-éxito".

Michelle Williams tiene la convicción de haber elegido bien, de reclamar el aborto como requisito de la dignidad y la libertad de la mujer, de considerar a su hijo, al embrión como un tumor, como algo que sucede en su cuerpo… todo ello es una dolorosa mentira, un lamentable error del que ella no se percata. Por eso habla con convicción y desea promoverlo. Al hacerlo, despierta multitud de consideraciones, suscita incógnitas interesantes.

Sorprende, por ejemplo, cómo Michelle no da muestra de padecer "depresión post-parto", ¿le sobrevendrá con el tiempo, al caer en la cuenta de lo que hizo?, ¿no la experimentará nunca, por estar convencida de haber actuado bien? La actriz se ve todo menos deprimida. No parece anclada en el pasado; al contrario, considera el evento como un hecho colateral, y si lo recuerda es para convencerse y convencernos de que hizo bien, de que eligió correctamente. ¡Qué bueno que no cayera en la depresión!, aunque, pensándolo bien… ¿quién sabe? ¿Acaso será bueno terminar con la vida de un individuo de la especie humana y quedarse tan campante, como quien se ha quitado una muela? El dolor, el sufrimiento moral, el sentimiento de culpa es manifestación de que somos humanos. Los psicópatas y asesinos seriales no sienten remordimientos al matar, han perdido esa capacidad, se han deshumanizado. Al ver el discurso de Michelle y los aplausos de Hollywood, no podemos sino sentir pena por ellos, "se han deshumanizado". ¿O son quizá los primeros especímenes de *posthumanos*?

El discurso y los aplausos muestran también el engaño de la narrativa abortista o "pro elección". ¿Por qué? ¿En qué se basa esa narrativa? "En las pobres mujeres violadas que eran condenadas a tener el niño fruto de ese horrendo crimen". ¿Qué suelen afirmar "Nadie quiere el aborto, siempre es una solución límite, lamentable, pero no se debería criminalizar a quien lo practica, y debería estar permitido para realizarlo con higiene y no clandestinamente". Pero, según se puede ver, aquí se "festeja un aborto", se festeja el poder de decisión de la mujer, capaz de determinar quién puede vivir y quién no. Michelle Williams decidió que su hija de 14 años y el que ahora viene en camino merecen vivir, en cambio, el de en medio no, por inoportuno, ¿quién le manda venir al mundo a mitad de la grabación de una exitosa serie?

No es entonces el aborto algo que nadie quiere, que se tolera, una solución límite, válvula de escape en una sociedad imperfecta. No, el aborto es el camino que me abre las puertas del éxito. Mi éxito justific que yo "interrumpa" la vida humana (por usar su eufemismo), sin que se pueda, obviamente, "reanudar". Si yo quiero controlar mi vida debo tener el derecho de matar (porque está vivo y es de la especie humana, eso no se puede negar). No se ve mucha diferencia respecto del argumento del sicario, mafios o narcotraficant en turno: "no tengo nada en tu contra, pero ahora tu vida estorba mis propósitos, no es nada personal, pero debes morir para que yo alcance mis metas". Iniciamos la década celebrando la "libre decisión", celebrando que los galardones, los premios, los logros, los éxitos personales son más importante que la vida ajena; pesó más en la balanza un trofeo que la vida humana. Comenzamos la década del 2020 descubriendo, dolorosamente, que para los creadores de la opinión pública mundial la vida vale menos que un premio.

Planned Parenthood

Supongo que todos hemos visto, o por lo menos enterado, de los videos difundidos "ventaneando" a dirigentes de Planned Parenthood al vender sus "productos", es decir, al lucrar con el comercio de "partes" de niños abortados (o, si se prefiere fetos abortados). Los que vimos el video, incrédulos, casi nos frotábamos los ojos al ver cómo, con la mayor sangre fría e indiferencia, mientras degustaba los alimentos, una dirigente hablaba de intentar sacar al feto con sus partes intactas y dar después una lista de precios de cada una de ellas y suponiendo cuál era su "utilidad" para los compradores. Ante tamaña frialdad uno se queda sin palabras; simplemente dan náuseas esos negocios y asco quienes los realizan.

Lo más cínico del asunto es que a la hora de dar la cara, se consideran "víctimas", al sentir una lesión a su intimidad divulgar los videos obtenidos subrepticiamente. ¡El burro hablando de orejas! Vienen a darnos clases de "ética" estos "carniceros". ¿Por qué ha sido preciso recurrir al juego sucio para obtener la verdad? Porque mienten y así lo han hecho siempre, camufla su negocio inicuo de "preocupación por la salud de la mujer", cuando en realidad es preocupación por la "salud económica" de las mujeres que gestionan tan turbio negocio. Negocio, hay que decirlo, que se hace con "puños blancos", con imagen de absoluta "honorabilidad", pues respetan todos los estándares de lo "políticamente correcto".

Veíamos, perplejos, a las dirigentes de dicha entidad hablar de comercialización de partes humanas, mientras con toda la *politesse* del caso degustaban alimentos en un restaurante elegante. Para evidenciar tamaña bestialidad y dar a conocer a la opinión pública esos oscuros manejos soterrados, fue preciso recurrir al engaño, pues de otra forma continuarían operando debajo del agua, manteniendo intacta su imagen y acrecentando sus pingües ingresos a costa de la vida humana. Por lo menos ahora no salvan la supuesta "honorabilidad" de que gozaban y están expuestos a la pública infamia que se merecen, a la par que tiemblan, pues ven peligrar algunas de sus fuentes de ingresos. En realidad, el factor económico es lo único que se esconde tras ese disfraz de "salud de la mujer" y de ese horrendo negocio de matar niños, que comercializa además sus miembros mutilados.

Efectivamente, Planned Parenthood ha reaccionado e intenta acallar la ola mediática y, sobre todo, salvar sus fondos. La campaña de desprestigio organizada en su contra se propone quitarles los subsidios que el gobierno americano les da. Ellos objetan que esos subsidios no se emplean en el aborto, sino en la salud de la mujer. ¿Por qué no mejor destinarlos a alguna entidad que se dedique exclusivamente a la salud de la mujer y no al aborto? Además, muchas de las compañías que apadrinaban a tan nefasta organización, ante la ola de indignación suscitada, están quitando su logo por lo menos y ojalá su apoyo económico también. Se ha hecho público, como una lista de infamia, el elenco de transnacionales que apoyan dicha organización. No contentos con lucrar con los abortos, con las partes de los fetos, reclaman ayuda del Estado y, además, se hacen acreedores a donativos deducibles de impuestos, de muchas compañías gigantescas. El descaro alcanza así límites insospechados, raya en el ridículo y la triste realidad es más cruel que las ficcione de los truculentos filme hollywoodescos…

Ahora bien, esta triste realidad debería hacernos reflexiona . Por el momento, no se sabe si quedará en un "escándalo pasajero", como desean los dirigentes de la ignominiosa institución; o si por el contrario, será el inicio de su proceso judicial, y contra el pérfid negocio del aborto, o si será ocasión de cerrar la llave de fondos para apoyarla, lo que quiere decir, cerrar la fuente de ingresos de quien más promueve el aborto mundialmente. Pero lo cierto es que, aparentemente bajo los estándares de la legalidad, protegida por el gobierno de la nación más poderosa del mundo y apadrinada por la ONU, ha estado operando una organización con negocios más turbios que los carteles de narcotráfic mexicanos. Eso debería conducirnos a un hondo examen de conciencia y a no echar en saco roto, por ejemplo, todos los urgentes reclamos de Francisco, que continuamente denuncia cómo el hombre es sacrificad en el altar de las leyes del mercado, al "Moloc" (ídolo fenicio al que ofrecían en incineración a niños recién nacidos vivos) del dinero. Nunca ha sido más evidente esta realidad en la historia.

Jugar a hacer Dios

Hace algún tiempo el Real Madrid se cubrió de gloria al conquistar por undécima vez la Champions League. Estrella destacada dentro del cúmulo de astros del equipo merengue, y sueño de más de una quinceañera, es Cristiano Ronaldo. Pocos saben que Cristiano libró la muerte por un pelo. Su madre fue al médico para abortar, pero, contrariamente a lo que esperaba, el doctor la increpó: "¡De ninguna manera! Usted tiene sólo treinta años y ninguna razón física por la cual no pueda tener ese bebé". Aun así, ella intentó expulsar el bebé y bebió un "remedio casero" que le sugirió una amiga. No tuvo éxito tampoco. Finalmente aceptó el reto de recibir a su cuarto hijo en condiciones de pobreza: "Si la voluntad de Dios es que este niño nazca, que así sea".

Los abortistas, quizá sin ser muy conscientes de ello, juegan a "ser Dios", es decir, a decidir quién debe vivir y quién no. No importa que crean o no en Dios, en realidad ellos toman su lugar, pues consideran que conocen con suficient detalle la realidad como para decretar con gran seguridad quién merece una oportunidad de vivir y quién no. Pero si uno viera los hombres que habrían enviado, inmisericordes, a la tumba, probablemente llegue a la conclusión de que en realidad son unos diosecillos bastante defectuosos. Una breve enumeración de grandes personalidades que no habrían venido al mundo de seguir sus autorizados criterios: Ludwig van Beethoven, Chespirito, Jack Nicholson, Andrea Bocelli, Cristiano Ronaldo, Justin Bieber y muy probablemente Steve Jobs. Conozcamos su historia.

El connotado científic Jérôme Lejeune plantea al senado francés el siguiente panorama:

> Tenemos un matrimonio en el que el marido es sifilític y alcohólico. La mujer está desnutrida y sufre tuberculosis avanzada. El primer hijo de esa pareja muere al nacer; el segundo sobrevive, pero con serios defectos congénitos. Al tercer hijo le ocurre lo mismo y además tiene retardo mental. La mujer queda embarazada por cuarta vez. ¿Qué aconsejan ustedes hacer en un caso así? "Practicar un aborto terapéutico inmediato para evitar males mayores", sentenció un senador del bloque socialista.

Lejeune hizo un largo y notorio silencio, que rompió y dijo: "Señores, pónganse de pie, porque este caballero acaba de matar a Ludwig van Beethoven".

Dejemos que ahora hable el protagonista:

> Hola, soy su amigo Chespirito. Cuando estaba yo en el vientre de mi madre, ella sufrió un accidente que la puso al borde de la muerte. El médico le dijo: "Tendrás que abortar". Y ella respondió: "¿Abortar yo? Jamás". Es decir, defendió la vida, mi vida. Y gracias a ello estoy aquí".

Por su parte, Andrea Bocelli cuenta al piano su propia historia en un video de You Tube: una joven embarazada sufre una apendicitis y los médicos le sugieren abortar porque los tratamientos aplicados provocarían discapacidad en el bebé. "Pero esta valiente joven esposa decidió no abortar, y el niño nació. Esa mujer era mi madre y yo era el niño. Tal vez no soy imparcial, pero puedo decir que fue la decisión correcta".

La madre de Jack Nicholson quedó embarazada de adolescente. Recibió muchas presiones para abortar, a las que valientemente resistió. La historia de la madre de Justin Bieber es más dura aun: abusada sexualmente de niña, consume mariguana y LSD, tiene un intento de suicidio, queda embarazada cuando es adolescente. "Lógicamente" la presionan para abortar, resiste la presión y da a luz. Finalmente, Steve Jobs tiene una historia semejante: su madre queda embarazada cuando es estudiante, no lo aborta, pero lo da en adopción.

La lista podría alargarse. He elegido a un grupo de famosos no porque su vida valga más que la de cualquier persona corriente que haya librado el aborto, sino porque tienen mayor visibilidad. Con toda probabilidad hemos enviado a la tumba a multitud de talentos. Los hijos no deseados pueden cambiar el mundo y, ¡oh paradoja!, convertirse ocasionalmente en las personas más deseadas. La consecuencia necesaria se impone: es mejor "no jugar a ser Dios" y respetar el valor intangible de toda vida humana.

Concepción y vida humana

La verdad es la verdad, independientemente de quien la diga. No importa que todo el mundo afirm que el error es verdad; si no es verdad, no lo es, aunque todos estén de acuerdo en lo contrario. "¿Tu verdad? No, ¡la Verdad!/, y ven conmigo a buscarla./ La tuya, guárdatela", dijo bien Antonio Machado. En efecto, si cerramos los ojos a la realidad los únicos perjudicados seremos nosotros, pues el error no salva, destruye y la mentira tiene "patas cortas", tarde o temprano revela su auténtico rostro, muchas veces cuando el daño ya es demasiado grave.

Los experimentos humanos donde queda patente cómo, a pesar de realizar ímprobos esfuerzos, todos ellos se muestran estériles cuando nos empeñamos en construir el mundo de espaldas a la verdad o a establecerla por decreto, ya son demasiados. Dicen, sin embargo, que el hombre es el único animal que tropieza dos veces con la misma piedra. El nazismo, el comunismo, el liberalismo salvaje han prometido ser la panacea, la verdad, el cenit de la civilización, y no han conducido sino a la barbarie. Si los genocidios de los primeros 70 años del siglo XX fueron de carácter político; a partir de los años 70 hasta la actualidad, el genocida se viste de bata blanca, lo realiza de manera aséptica y cobra pingües ingresos por asesinar, haciéndolo siempre, claro está, dentro de una supuesta "legalidad". Me refiero obviamente, a la barbarie del aborto.

Así como ahora nosotros contemplamos, en una mezcla de horror y perplejidad, a los genocidas del siglo XX, presumiblemente en un futuro no muy lejano, nuestros congéneres del mañana nos mirarán peor que nosotros a los caníbales, al observar cómo teniendo plenas evidencias empíricas de que la vida humana comienza en la concepción, seguimos practicando inmisericordemente el aborto.

Una luz de esperanza para la vida, sin embargo, se ha encendido recientemente. Comencé estas letras diciendo que la verdad es verdad independientemente de quien la afirm o reconozca, pero para que esa verdad sea acogida, escuchada y, principalmente, implementada con todas sus consecuencias, por arduas que puedan ser, sí importa mucho quien lo afirme Muchos, millones, muy probablemente la mayoría de las personas considerábamos, pese a la feroz campaña para normalizar lo abominable, que era así. Los datos que aporta la genética, avalados por algunos de sus más altos cultivadores, como Jérôme Lejeune, así lo sentenciaban. El ADN, como carnet de identidad del ser humano, distinto del de ambos padres, que será el mismo desde la concepción hasta la muerte, y contiene toda la información biológica del individuo en cuestión así lo mostraba. Pero esta sorda evidencia no es tomada en cuenta; la civilización prefier mirar hacia otra parte, es más cómodo. Los poderosos preferían ignorarlo, como antaño hicieron con la esclavitud: era patente su injusticia, pero también su utilidad, resultaba mejor dejar así las cosas, hasta que la evidencia se impuso y el holocausto concluyó.

Algo semejante está sucediendo con el aborto. El Department of Health and Human Services (HHS) de Estados Unidos en su plan estratégico 2018-2022 hizo un pequeño cambió en la redacción, pero pocas letras dicen mucho. Antes decía: "HHS cumple su misión a través de programas e iniciativas que cubren un amplio espectro de actividades, sirviendo a los estadounidenses en todas las etapas de la vida". Ahora, en cambio: "HHS cumple su misión a través de programas e iniciativas que cubren un amplio espectro de actividades, sirviendo y protegiendo a los estadounidenses en todas las etapas de la vida, desde la concepción". ¡Desde la concepción!, ¡los servicios de salud estadounidenses planean reconocer cabalmente que la vida humana comienza desde la concepción! Era obvio que era vida (no era material inerte, tampoco un tumor) y evidente que era humana (no era un mandril ni un cocodrilo), pero no se atrevían a decirlo. Ya lo han hecho y con ello la evidencia científica a pesar de las manipulaciones ideológicas, comenzará a abrirse paso. En cierto tiempo, Dios quiera que breve, a las concepciones filosófic   (la noción de persona), las legislaciones políticas y a las convicciones morales socialmente aceptadas no les quedará otro camino que doblegarse a la evidencia contundente.

Embarazo a los 12 años

Los grupos abortistas, para defender la legitimidad del aborto apelan frecuentemente a situaciones extremas, en las cuales no cabría otro camino que acabar con la vida del ser inocente que se está gestando en el seno de una madre. Con todos los "paliativos" del caso: no se trata de algo deseable, es siempre un mal, a nadie se lo deseo, etc., pero finalment se concluye con el veredicto fatal: el "producto se debe desechar", como expresión aséptica de lo que sucede en realidad: "al niño se le debe matar" (sin olvidar que también puede ser "niña", pero en ese caso se trata de una "violencia de género" no sólo tolerada, sino fomentada por grupos feministas).

Uno de esos casos extremos, que a ojos de los abortistas no admite réplica, y que indirectamente fomenta –y es tristemente más frecuente en nuestra sociedad, dada la descarada carga erótica que promueve– es el embarazo de las adolescentes. De una forma simplista se cierra el expediente, sin que nadie pueda –decorosamente, se entiende– discrepar del veredicto fatal: "madre adolescente igual a aborto frecuente." Da alegría descubrir, que como en tantas ocasiones, la mentira, por mucha apariencia de verdad, siempre permanece mentira, y la verdad es mucho más rica que las simplificacione pragmáticas y procedimentales a la que se la quiere reducir. El factor humano, la riqueza y la capacidad de la persona, tantas veces soslayada, lo muestran pertinazmente.

Un caso extremo, pero resuelto correctamente, y que permite simple y llanamente propinar un rotundo "¡mentís!" a los grupos abortistas, es el siguiente testimonio de Lilianna Rebolledo, joven ecuatoriana a la que dejo contar su historia: "Mi niñez la pasé entre la violencia y el alcoholismo. Fui violada a los 12 años y quedé embarazada. Aunque los médicos me decían: aborta, no arruines tú vida, después de oír el corazón de mi bebé, decidí que debía vivir. Dos vidas fueron salvadas, yo salvé la vida de mi hija y ella la mía".

La historia comienza cuando su padre abandonó el núcleo familiar –dato interesante, porque evidencia una de las causas de esta realidad, y si quiere solucionarse en verdad, hay que ir a la raíz del problema– y su madre emigró a los Estados Unidos para salir adelante (la inmigración y su conveniente gestión, otro de los focos a los que hay que prestar atención, por ser causa de frecuentes conflicto familiares y sociales). En esas circunstancias fue víctima de violación por dos sujetos que la dejaron inconsciente.

Sigamos con su relato: "Herida física y moralmente a esa edad no entiendes por qué los médicos me recomendaban que abortara, que mi vida estaba arruinada, que de cualquier manera el producto no se iba a lograr. Una niña de 12 años escucha esas palabras y no entiendes qué es el producto, por qué no se va a lograr y por qué te pasó a ti". Ninguna explicación, sencillamente le ofrecieron la respuesta "políticamente correcta" a su situación; la desinformación y el engaño son otra forma de violencia. Sin embargo, "cuando me dijeron que el bebé que llevaba en el vientre ya le latía el corazón, me aferré a mi vida y que ella viviera". El sentido de la humanidad, todavía no pervertido en una niña fue más fuerte que las presiones de corte pragmático e ideológico que la hostigaban en tan dura situación.

Actualmente su hija tiene 22 años de edad, está próxima a terminar sus estudios en una universidad de Los Ángeles y

> hasta hoy ella no me recuerda a nadie. Mi hija no tiene nada que ver con lo que pasó esa noche. Ella es un ser independiente con el mismo derecho que cualquier otro ser humano. No es de segunda categoría por haber nacido en esas circunstancias y, con todo lo difícil que fue, si yo tuviera que pasar lo mismo para tenerla a ella y todo el amor que me ha dado, yo lo volvería a vivir… En ninguna circunstancia debemos acabar con la vida de un ser humano; independientemente de cómo viene al mundo, tiene un propósito de vida y el mismo derecho que cualquier otra persona… Que en las peores circunstancias, frente a todos los males que pueda enfrentar una niña ultrajada y sin el total respaldo de mis padres, se haya abierto camino no sólo para mí, sino para mi compañera de vida, mi hija, aquella que hoy es el faro de vida que me marca el día a día… En nuestro caso dos vidas fueron salvadas, yo salvé la de mi hija y ella salvó la mía.

Sobran los comentarios, basta reflexiona sin prejuicios.

¿Pro vida y pro mujer?

Cristina estudia derecho, es pro vida, quiere defender a los niños no nacidos. Al mismo tiempo está preocupada y comprometida activamente en la causa de la mujer. Podrían parecer causas excluyentes, pero en realidad el binomio pro vida y pro mujer es más frecuente de lo que se cree. Ella tiene unas dudas que resulta oportuno compartir, especialmente ahora, cuando la batalla del aborto adquiere un mayor protagonismo social y político, pues aquellos empeñados en legitimar el "derecho" a matar a los niños en el vientre de su madre, como requisito indispensable para reconocer la "dignidad de la mujer", son inasequibles al desaliento.

¿No resulta inmoral obligar a continuar el embarazo fruto de una violación? Se trata de una falacia de falso dilema: "o aborto o pierdo la dignidad". La violación es un hecho monstruoso, lamentable, doloroso, pero no se remedia con el aborto. El aborto no "desviola" a la mujer. Al trauma de la violación se une el del aborto. Una realidad mala no se resuelve con otra realidad mala, pues el mal se multiplica. Al mismo tiempo, supone la grave injusticia de que un tercero pague por el abuso de otra persona, y lo pague con la pena capital, con su vida. Porque el embrión –todo hay que decirlo– está vivo y es de la especie humana, y esto es biología, no religión. Así, en vez de castigar al violador, se condena a muerte a un inocente en gestación que no ha hecho nada.

Es una falacia de falso dilema porque no es la única opción. Es verdad que para la madre gestante supone un sacrifici continuar el embarazo, una grave incomodidad. Pero la alternativa tampoco es aceptable, pues se trata de privar de la vida a un tercero. La madre gestante puede recibir todo el apoyo psicológico, médico y humano del caso, y entregar después su hijo en adopción si lo desea. Así, salva la vida de un inocente y brinda a unos padres que no pueden tener hijos la posibilidad de criar uno, con el consuelo añadido de haberlo librado de una muerte segura. Si fuera real esta alternativa, es decir, que resulte inmoral continuar un embarazo fruto de una violación, significarí que en algunos casos es "moral" matar a un ser humano inocente. ¿Qué moralidad sería esa?

La segunda duda de Cristina es: "Los abortos clandestinos ponen en riesgo la vida de la mujer, y por eso deben ser regulados. Es un asunto de salud pública". Es un argumento más difícil de rebatir, porque se trata de un problema real y el peligro es la muerte. Podría ser análogo a aceptar la prostitución como algo indeseable pero inevitable.

Aceptar esa argumentación sería equivalente a legalizar los carteles de drogas. "La violencia causada por el narcotráfic está causando muchísimas muertes. Es un problema real, de seguridad pública. Para evitarlas, debemos legalizar los carteles". Nótese que las muertes violentas por narcotráfic sí se pueden contar con precisión –a diferencia de los abortos clandestinos que causan la muerte de la madre gestante– y son con absoluta seguridad muchísimo más numerosas. Sólo en México murieron violentamente 35 588 personas en 2019. Legalizar el aborto equivale a legalizar los carteles de droga, puesto que lo justific evitar las muertes violentas, y no se encuentra otro camino para hacerlo, con la diferencia de que son muchísimas más las muertes causadas por el narcotráfic   que las de los abortos clandestinos.

Sería atendible si esa fuera la única opción. Pero se podrían hacer campañas justo a la inversa. Por ejemplo, ensalzar la maravilla de poder traer un ser humano al mundo, reconocer y premiar la maternidad, independientemente de las circunstancias; o dar ayudas cuando la maternidad se viva en un contexto difícil, como el embarazo adolescente. Si se ofrece un reconocimiento merecido –es heroico dar la vida en ese contexto– y el imprescindible apoyo, se reduce drásticamente el número de abortos clandestinos y de muertes maternas. Si se establecen penas severas para los dispensadores de abortos clandestinos –y no para la mujer– como inhabilitación de por vida a los médicos y enfermeras que participen, así como una pena de cárcel análoga a la del homicidio con premeditación, alevosía y ventaja –que eso es el aborto–, se desincentiva su práctica. Aun así, siempre habrá abortos clandestinos y muertes maternas, pero en números muy reducidos, por contrapartida, se salvará a un número incontable de bebés, la mitad de ellos niñas.

El impacto de un católico coherente

La ratificació   de Brett Kavanaugh como Juez de la Corte Suprema de Estados Unidos supone, sin duda, un aliento de esperanza para el movimiento Pro Vida en ese país, y dada la importancia que los Estados Unidos tienen en el concierto global, en cierta forma esa esperanza se hace extensiva a todo el mundo.

Kavanaugh debe ser una persona estupenda, dada la ola de calumnias, infamias y rechazo que generó entre grupos abortistas y feministas norteamericanos. Si Planned Parenthood y Women´s March estuvieron dispuestas a hacer "juego sucio" para frenar su nominación, es porque realmente temen que la mayoría de jueces Pro Vida de la Suprema Corte pueda dar marcha atrás al fallo de Wade *vs.* Roe que abrió la puerta al aborto en Estados Unidos. Sería, de otra parte, un gesto honesto y que legitimaría a la misma corte pues, como es sabido, Roe (Norma McCorvey) en realidad mintió, nunca fue violada y fue utilizada solamente por las feministas que dicen defender a la mujer, pero no vacilan en utilizarla. También fueron mentira los números de abortos clandestinos y de muertes causadas por los mismos, como reconoció Bernard Nathanson, uno de los encargados de orquestar la campaña de mentiras para legalizar el crimen.

Reconocida la mentira y el dolo, es de justicia rectifica el fallo. Ahora, en principio, es posible porque, aunque el derecho siempre ha estado del lado de los más débiles, éstos nunca han podido hacer oír su voz. Después de 45 años, parece ser que pueden hacerlo, si los jueces tienen el valor de rectifica una sentencia que emitieron con base en datos falsos. De ser así, sería un paso realmente histórico, pues podría marcar un punto de inflexió en la política internacional en lo que a la defensa de la vida se refiere Obviamente, tal paso requiere un valor y una fortaleza a toda prueba, pues la opinión de lo "políticamente correcto", la presión mediática y política será grande. La industria de la sangre genera pingües ganancias y sus operadores no van a renunciar a su dinero ensangrentado con facilidad. Pero tienen miedo, es buena señal.

Brett Kavanaugh sustituye al juez Anthony Kennedy, también católico como él; la diferencia es que el primero es coherente con los principios de su fe, mientras que el segundo no. Gracias al voto de Kennedy se legitimó el matrimonio homosexual en Estados Unidos, se bloquearon las tentativas de revisar el caso de Roe *vs.* Wade, y en 1992 una sentencia de la corte refrendada por él, reconoció el aborto como derecho constitucional en los Estado Unidos. Parece ser que el finad y ejemplar juez, también católico, Antonin Scalia está "haciendo de las suyas" en el cielo, para reformar la institución que no fue capaz de cambiar en vida, por estar sometida a férreas presiones de los *lobbies* más poderosos del mundo.

Sería un buen precedente también que legitimaría la labor del Poder Judicial, tantas veces manipulado por grupos de presión, de forma que reinterpretan con frecuencia las leyes en el sentido y con el espíritu inverso en el que fueron escritas. Tristemente, no ha sido extraño que cuando algunas de las políticas más liberales no han podido abrirse camino por la vía democrática en el poder legislativo, se utiliza el judicial, más manejable, por ser un grupo pequeño de personas a las que se debe convencer, o las que se debe promocionar para que ocupen estos cargos. Así, el aborto, la eutanasia y el matrimonio homosexual han encontrado la legitimidad que el legislativo les negaba, con una hábil campaña para controlar el poder judicial.

Es prematuro cantar victoria. Esperemos que los jueces de la Corte Suprema de los Estados Unidos estén a la altura del desafío histórico que enfrentan. No va a ser fácil que una clara mayoría Pro Vida ocupe esos puestos. Esperemos que tengan las agallas de erradicar la más cruda de las injusticias contemporáneas, cimentada en un conjunto de mentiras y respaldada por una inmensa cantidad de dinero ensangrentado. Si esos hombres son coherentes con sus principios y capaces de hacer valer el derecho, descubriremos la trascendencia que puede tener un católico coherente con su fe y con la más alta calificació profesional; indudablemente, tanto Scalia como Kavanaugh, constituyen un modelo.

Trump y la Marcha por la Vida

El 24 de enero del 2020 se celebró en Washington la tradicional Marcha por la Vida, sólo que este año contó, por primera vez, con la presencia del presidente de Estados Unidos, quien no dejó pasar la ocasión para afirma orondo: "Los niños no nacidos nunca han tenido un defensor más fuerte en la Casa Blanca". Y en verdad ha sido así porque, entre otras medidas, declaró el 22 de enero Día Nacional Provida, ha retirado los fondos públicos al aborto y le ha plantado cara a las Naciones Unidas en su descarado intento de imponer agendas abortistas en el mundo.

Muchas lecturas tiene este gesto. Están quienes se rasgan las vestiduras: "¡ha tenido tres esposas!", "¡es un capitalista salvaje!", "¡no regula el uso de armas en Estados Unidos, por lo que se multiplican las matanzas en colegios!", "¡está en contra de los inmigrantes!", "¡no disimula su desprecio por mexicanos y centroamericanos!" Todo ello es verdad… pero también es verdad que apoya la Marcha por la Vida y la agenda en favor de la vida en general, no sólo con discursos y su presencia, sino con hechos concretos y contundentes. Que haga muchas cosas mal no impide que haga algo bien.

Otros objetan: "¡Está haciendo campaña electoral!", "¡no tiene rectitud de intención!, en realidad no le interesan los niños, sino sólo el poder". Puede ser, no sería descabellado, pero en realidad, eso sólo lo saben Trump y su conciencia, nosotros no podemos saberlo, como no podemos saber en absoluto si las decisiones que toman habitualmente los políticos en general son sinceras o, por el contrario, constituyen una estudiada carambola de tres bandas para beneficia sus propios intereses políticos y económicos. Incluso, pensemos mal, démoslo por cierto, ello también nos arroja información interesante.

"Los jóvenes son el corazón de la Marcha por la Vida, y es su generación la que está convirtiendo a Estados Unidos en una nación profamilia y provida" dijo en su discurso. Y Trump es empresario y político, no le preocupa quedar bien –ha dado abundantes muestras de ello– sino conseguir sus objetivos, ser eficaz Que Trump participe en la marcha en vísperas de una contienda electoral dice mucho, indica que según la información con la que él cuenta, privilegiada desde todos los puntos de vista, el movimiento pro vida está prevaleciendo en los Estados Unidos y la tendencia de los jóvenes va en esta dirección. En caso contrario, sería un suicidio político participar en la marcha. Podría oponerse, ignorarla, apoyarla discretamente desde la tribuna; pero no, ha decidido romper un tabú, "poner toda la carne en el asador" y comprometerse de lleno con esta causa justo antes de la contienda electoral.

Trump ganó la elección contra todo pronóstico, rompió los esquemas prefijado por las cadenas de noticias y el pensamiento políticamente correcto, y desenmascaró así lo que ya sabíamos: que el mundo que nos pintan los medios no necesariamente es el mundo real, que lo políticamente correcto no reflej necesariamente lo que piensan las personas.[2] Al participar en la Marcha por la Vida da un paso decidido en esta dirección: cuando aparentemente nos quedamos sin argumentos para defender la vida y oponernos al aborto nos está diciendo: "no, la vida sigue siendo sagrada, sigue siendo rentable; es una falsa disyuntiva oponer los derechos del no nacido y los de la mujer". En efecto, el lema de la marcha fue: "Empodera la vida: ser provida es ser promujer". Trump acoge esta especie de "herejía mediática" por considerar que reflej más vivamente el pensamiento de los jóvenes y de las mayorías, aunque el velo de los medios y lo políticamente correcto quiera impedírnoslo ver.

"Cada niño es un regalo precioso y sagrado de Dios" dijo en su discurso. Hermosas y emotivas palabras, una gran verdad, poética en labios de un presidente de los Estados Unidos. En su discurso menciona frecuentemente a Dios, para fustigar, fie a su estilo, al pensamiento imperante, políticamente correcto, de corte secularista y laicista. ¿Qué nos dice con ello? Que ese pensamiento no representa a la realidad, la mayoría de la gente, el pueblo, los votantes; que ese pensamiento sólo se representa a sí mismo, a una pequeña y poderosa élite intelectual. Trump disfruta "ventaneando" las especulaciones, las fachadas falsas, las apariencias engañosas que bene ‑cian a un grupo de poderosos y que suelen servirse de un buen grupo de tontos útiles. Por eso va contracorriente, por eso los medios le declaran la guerra y, al hacerlo, le dan la notoriedad que él desea. Con su estrategia, en esta ocasión, apoyó a la causa correcta.

---

2 Esta entrada obviamente fue escrita antes de las elecciones del 2020, en las que Joe Biden derrotó a Donald Trump. Lamentablemente la política de Biden se ha decantado en contra de la vida desde su elección.

Simplemente monstruoso

El 22 de enero de 2020, 46 aniversario de la despenalización del aborto en Estados Unidos, se firmó en Nueva York una brutal ley que permite el aborto prácticamente hasta el nacimiento. Los detalles de la ley lo dejan a uno estupefacto: si fracasa el aborto y el niño vive, debe dejársele morir. Se elimina además cualquier responsabilidad o pena para los médicos por cualquier aborto producido, aunque no sea voluntario o sea producto de negligencia. Tampoco deberán responder ante un tribunal en el eventual caso de que la madre muera. Nadie tiene que dar cuentas de nada a nadie si un niño o su madre mueren hasta el momento mismo del nacimiento del niño y, reitero, si fracasa el procedimiento de aborto y el niño vive, la ley obliga a dejarlo morir, prohíbe auxiliarlo. Lo más doloroso es, quizá, la cínica sonrisa de los firmantes de la ley, la algarabía toda de la sala en donde se firmó y la obscena celebración en el *down town* de la ciudad que no duerme, engalanada de color rosa para la macabra ocasión.

No cabe sino calificar como una auténtica "orgía de muerte" tal supuesta "ley" que atenta a la justicia más elemental, al principio ético básico de la humanidad: "no le hagas a los demás lo que no quieras que te hagan a ti". Es comprensible que, en el delicado tema del aborto, nos enfrentamos con frecuencia a un dramático conflicto de derechos: el derecho del niño a vivir y el de la madre a decidir sobre su cuerpo. Conflicto que se agrava, por ejemplo, si la madre es menor de edad o el niño fue producto de una violación. La perspectiva más humana, sin desconocer el sufrimiento de la mujer, se propone salvar la vida del niño o la niña que viene en camino, pues el derecho a la vida se considera primario y base de todos los demás derechos. Además, es evidente que el niño o la niña que está en camino es totalmente inocente, y que de todos los afectados son la parte más vulnerable, la parte que tiene todo en juego, ¡la misma existencia! Y que no tiene manera de defenderse.

La perspectiva que aspira a salvaguardar la dignidad humana, o sencillamente que esa palabra "dignidad" signifique algo, intenta salvar las dos vidas. Sabe que el aborto, por ejemplo, no "desviola" a la mujer y que añade al trauma de la violación el del aborto. Se permite así una cierta impunidad sobre el violador y en general se despoja de responsabilidad a cualquiera que embarace a una mujer. La perspectiva científica reconoce que, tanto el niño como el feto o el embrión, son individuos vivos de la especie humana. Nadie lo puede poner en duda y, de hecho, implícitamente se funciona con estas premisas al comercializar las partes de los fetos abortados, o al investigar con células madre embrionarias. Aquello está vivo y es de la especie humana, si no se protege, la dignidad de la persona se vuelve un vocablo con el que podemos llenarnos los labios, pero que está vacío de sentido y vale menos que un fuerte capital económico o el capricho veleidoso de un adolescente.

Por lo anterior, el discurso abortista solía ser moderado: "el aborto es una realidad indeseable, nadie lo quiere, pero resulta ineludible si queremos salvaguardar la libertad de la mujer". Se consideraba una "solución extrema" no deseable en principio, dolorosa para la mujer, su familia y la sociedad. El aborto, a fina de cuentas, debería despenalizarse (que no legitimarse), para no criminalizar a una mujer que, quizá tiene un grado de inmadurez por ser adolescente, por ejemplo, y para evitar los abortos clandestinos, que atentan contra la vida de la mujer. En realidad, se trataría de un asunto de salud pública y de una responsabilidad del Estado ante algo que no puede evitar, como sería la prostitución. El aborto se veía entonces como una solución extrema, indeseable, que salvaguarda la capacidad de decidir de la mujer y que previene peores consecuencias sanitarias, al evitar la eventual muerte de la madre junto con la del hijo. También por eso se ponía un límite para practicarlo en el desarrollo del embarazo para evitar que el feto sufra dolor, por estar ya formado su cerebro y su sistema nervioso. Otra cosa sería una crueldad inhumana.

Pero lo que vemos ahora en Nueva York es otra cosa: la fiest por el desprecio de la vida, la exaltación de la voluntad individualista y del capricho que puede determinar hasta el último momento quién puede vivir y quién no, la euforia y el vértigo del desprecio a la vida y su dignidad, que nada valen ante la decisión arbitraria de matar. El desamparo de la vida que, ni siquiera fuera del seno materno, puede ser socorrida, en fin el réquiem por la humanidad. Que en la cuna de la democracia moderna y en la punta de la civilización se legitime este holocausto y se convierta en un "derecho fundamental" no puede sino calificars de aberración monstruosa. En el ápice de la civilización "el hombre se vuelve lobo del hombre".

25 de marzo sin Marcha por la Vida

Después de algunos años en los que Lima abanderaba globalmente la causa de la vida, en 2019 no habrá Marcha por la Vida en torno al 25 de marzo, día del Niño por Nacer. Es verdad que no habrá marcha "todavía" y se ha prometido para "más adelante", un "más adelante" que, a mediados del

2020, todavía no ha llegado. Esperemos que sí se concrete. Además, ahora ya no depende absolutamente del arzobispado de Lima, pues se creó una asociación civil encargada de sacarla adelante. Todos estos elementos dan mucho que pensar a quienes estamos en favor de la vida y crea un clima expectante sobre cómo evolucionará dicha causa, claramente al alza en los Estados Unidos. Además, por el liderazgo que este país ostenta en el mundo, probablemente se vuelva un efecto dominó el clamor por la vida.

En primer lugar, es justo decirlo, el vacío y la incertidumbre que ahora experimentamos nos dice a todos los que creemos en que la dignidad humana se tiene desde la concepción, cuánto le debe el Perú en particular y la causa por la vida en general al arzobispo emérito de Lima, cardenal Cipriani. Pues, sin duda, fue su liderazgo el que contribuyó a posicionar la causa por la vida del Perú en uno de los primeros lugares mundiales y en modelo para toda Latinoamérica. El hecho de que el cambio de batuta al frente de la Iglesia de Lima se reflej en la ausencia de la marcha por la vida, en el día del Niño por Nacer, es una muestra evidente de ello. No es la única causa que defiend la Iglesia, no tiene por qué ser abanderada por su sucesor monseñor Castillo Mattasoglio, que tendrá quizá otras prioridades, pero el hecho es que la causa por la vida y por la dignidad del concebido le debe mucho al cardenal Cipriani.

En segundo lugar, también crea expectativa el desarrollo y, eventualmente éxito, que la Marcha por la Vida y con ella la causa por la vida tengan ahora que están en manos de una asociación civil. En el fondo se trata de un paso necesario, no provocado exclusivamente por la incertidumbre respecto de la línea que fuera a seguir el nuevo arzobispo de Lima, quien, como se ha dicho, es libre de recibir la herencia de su predecesor o dirigir su atención a una agenda diferente. Es verdad que no es fácil tomar el testigo de manos de alguien tan carismático como Juan Luis Cipriani, pero no sólo este hecho aconseja la conveniencia de que ya no dependa directamente del arzobispado.

En realidad, este movimiento de independencia es sugerido por dos factores concretos. El primero es muy simple. Los católicos solemos afirma que la causa por la vida no es una cuestión doctrinal de fe, particular exclusivamente de los católicos. Los detractores de la causa por la vida, los heraldos de la cultura de la muerte hábilmente descalifica la causa por la vida al decir que es una intrusión de la Iglesia en el Estado laico y una imposición doctrinal de los católicos. Los católicos se defiende con el argumento de que no es un dogma católico, como podría ser la presencia real de Cristo en la Eucaristía o la Inmaculada Concepción de la Virgen. Eso es verdad, también el hecho de que comparten la causa por la vida los evangélicos en bloque, muchos judíos y personas no practicantes en general. Pero no deja de ser "sospechoso" que finalmente sea la Iglesia Católica, con toda su estructura de parroquias, colegios y universidades, quien lleve la voz cantante en dicha causa. De alguna forma, pareciera que este hecho implícitamente le da credibilidad a la crítica de la cultura individualista de la muerte.

Pero hay otra razón de conveniencia en este relevo de la causa por la vida. En efecto, la doctrina católica afirma que la causa por la vida es una causa humana en general: se trata de defender la dignidad humana y los derechos humanos, no dogmas religiosos. Ello supone la madurez del laicado, es decir, desembarazarse del clericalismo. De alguna forma, al ser promovida oficialmente por el arzobispado, se fomentaba una actitud pasiva de los laicos. Es una pena, si no, una vergüenza, que además del Cardenal no haya otras figuras de peso que den la cara por la vida. Es hora de que los laicos salgan a la calle y se organicen sin esperar a que sea la Iglesia como institución quien los convoque.

Este paso, seguramente, no será inmediato, pero sí es necesario, no sólo para eludir la crítica de los "pro muerte", sino para reflejar la realidad de las cosas. Ello favorecerá, además, que se sumen personas no católicas y evangélicas y de muchos otros colectivos que pueden apoyar la vida, sin ser necesario para ello suscribir el "paquete completo" católico sobre la vida y la familia. Pienso, por ejemplo, en el importante conjunto de personas con inclinación homosexual que están en favor de la vida y no comparten necesariamente la doctrina católica sobre la familia. También su presencia es importante para mostrar cómo la como la dignidad humana es un valor universal y natural que trasciende incluso credos doctrinales y ámbitos culturales.

IV
Eutanasia

Al tratar del tema de la eutanasia nos encontramos frente al fruto maduro de un mundo secularizado. O, dicho de otra forma, su legalización es la prueba evidente de que una sociedad se ha secularizado. En una sociedad donde ya no existe nada sagrado, tampoco la vida lo es. Es una sociedad realista, cruda, donde todo tiene su precio, incluso la vida. Esta última ya no es algo invaluable, como una obra de arte eximia, sino una realidad más, que por lo menos al principio tiene gran valor, pero puede irse devaluando. Es fruto maduro por dos motivos: supone la exaltación al límite del valor de la libertad como autodeterminación, de espaldas a la verdad. En segundo lugar, porque al haber perdido toda perspectiva trascendente de la existencia humana, sobrevalora el placer de vivir, pero se muestra incapaz para otorgar sentido al dolor. Una vida, entonces, que tiene como horizonte el sufrimiento y la incapacidad de disfrutar físicamente carece de sentido y pierde todo valor.

La eutanasia, entonces, nos enfrenta crudamente con lo que signific vivir en una sociedad secularizada. Nos pasa la factura de "la muerte de Dios", la cual, si bien puede significa la libertad del hombre, no puede sino scr una libertad para morir. Se muestran en todo su vigor profético las palabras de Henri de Lubac: "no es verdad que el hombre no pueda construir la sociedad de espaldas a Dios, pero no puede hacerlo sino en contra del propio hombre".

Las reflexione que siguen se proponen reflexiona sobre cómo nos enfrentamos al drama de la muerte. Se comienza con una perspectiva de fe, para encarar el absurdo de una muerte precoz, se continúa con la descripción de la proliferación del suicidio así como de la aceptación social de la eutanasia. El propósito es evidenciar los resortes intelectuales que han hecho posible la cultura de la muerte, así como los argumentos que nos puedan servir como dique para contener tal fenómeno.

¿Cómo te gustaría morir?

Puede sonar un tanto macabra, si no tétrica, la pregunta, pero en cualquier caso no es vana; es más, debe plantearse el problema de la muerte si queremos tener una vida auténtica (en expresión de Martin Heidegger). Para darle el justo valor y medida a esta vida, es imprescindible considerar su término, es decir, la muerte: el modo de vivir, de aprovechar el tiempo, de valorar las cosas, personas y sucesos varía en atención a esta variable ineludible, que con facilidad tendemos a olvidar, quizá por temor, indolencia o comodidad.

Pero ahora la cuestión, más que dirigirse a la realidad palmaria de la muerte, se orienta mejor al modo: ¿Cómo nos gustaría morir?, ¿cómo nos lo imaginamos? En el Renacimiento, un importante rey, el emperador Carlos V, seducido por esta realidad, quiso asistir en vida a su propio funeral, y se conmovió. Los reyes planeaban hasta las más leves variantes de sus ceremonias mortuorias, epitafio y sepulcros. Nosotros tendemos a olvidar el problema (o a pensar a lo más en un plan funerario), pero insisto, conviene que vayamos –si bien con la imaginación y el pensamiento– a ese postrer momento, que no sabemos cuándo, ni cómo, pero que estamos seguros de que llegará.

Personalmente lo he pensado con frecuencia –quizá más en las horas depresivas–, y siempre le había pedido a Dios, "irme rápido". Gracias a mi labor sacerdotal y a la vida que me ha tocado vivir, he podido acompañar a más de alguno que ha debido de pasar por una larga agonía (meses, años) para cruzar el umbral de la muerte. Al ver lo lento, doloroso, desgastante que era el proceso, le pedía a Dios irme de infarto, de susto, de choque, de rayo, pero ahorrarme la dolorosa y, sobre todo, lenta antesala. Por ello no dejó de maravillarme y hacerme reflexiona la siguiente frase de Cicely Saunders: "A otros les gustaría morir de un infarto jugando al golf, yo preferiría tener un cáncer porque te permite la posibilidad de dar gracias, pedir perdón, decir adiós".

Podrían pasar por unas palabras ligeras, vanas, dichas por alguien que estando saludable opina sobre lo que desconoce. No es el caso: Cicely fue fundadora del St. Christopher's Hospice, hospital pionero de medicina paliativa en todo el mundo; es decir, se dedicó durante toda una vida a los enfermos incurables, desahuciados, para hacerles lo más llevadero y amable posible sus últimos años, meses o semanas de vida. Difícilmente puede haber alguien con más autoridad para hablar del valor de la vida humana en sí misma, despojada de todo añadido, o valor agregado, como el éxito, la fama, la fortuna o el placer. Difícilmente se puede encontrar alguien que haya tenido un contacto tan profundo y constante con el dolor; una rama de la medicina donde la meta no es la cura, sino que el "producto terminado" es un cadáver, y tener la dicha de que se le ha ayudado a partir en paz, de que se ha hecho lo humanamente posible por alegrar los últimos momentos de vida de alguien que muchas veces es incapaz hasta de agradecerlo.

Su frase –debo reconocerlo– me ha hecho recapacitar; quizá imperceptiblemente me había ido contagiando por esa visión naturalista, pagana de la vida; quizá no la valoraba tanto por lo que es en sí misma: un don de Dios, una oportunidad, una tarea, sino por lo que de ella puedo obtener: experiencias, gustos, triunfos, placeres; o lo que a ella le puedo ofrecer: trabajo, eficacia rendimiento, fruto, servicio. Quizá me había ido deslizando por esa pendiente utilitarista, incluso hedonista que termina por no comprender la vida misma.

Esas valoraciones conducen imperceptiblemente a despojar de valor a la vida en sí misma, y dárselo por lo que son sus añadidos: valorar el plato más por la guarnición que por la sustancia. Dichos planteamientos son los que han inducido a algunas sociedades y posturas intelectuales a justifica la eutanasia y los que hacen sufrir al enfermo que, al no sentirse útil, al sentirse un estorbo, no quiere "dar problemas" y prefier "partir". Algunas de las lecciones más ricas de mi vida me las ha proporcionado un enfermo desahuciado y algunos de los tesoros más invaluables lo ofrecen sus miradas: lo más valioso que nos transmiten los enfermos terminales es el valor de la vida y el no darnos cuenta de ello supone que hemos comenzado a perder su valor.

Serenidad ante la muerte

Siempre podemos aprender, aunque quizá el examen más difícil, el que prueba de alguna forma el material del que estamos hechos, es la muerte.

Ante esa criba se descubre la autenticidad y el valor de nuestras ideas, nuestros valores e ideales, lo que hemos hecho con nuestra vida. Dicen, no me consta, que Voltaire pedía un sacerdote en su lecho de muerte. Le hicieron ver la incongruencia que ello suponía con todo lo que había predicado durante su vida. Argumentó con gran sentido práctico, que para vivir estaba bien ser ateo, pero para morir era mejor ser católico. Otro tanto le sucedió a uno de los más grandes "comecuras" del siglo xx, Plutarco Elías Calles, y la lista podría irse engrosando. Algunos, hay que decirlo, han mantenido su estoico ateísmo hasta el final connotados ateos como David Hume o, más recientemente, Christopher Hitchens, quien se cuidó muy bien de hacer una demoledora confesión de fe atea apenas quince días antes de fallecer.

Impresiona sobremanera conversar con alguien que le planta la cara a la muerte con serenidad. Cuando esa persona sabe que, salvo milagro, ya nada hay que hacer, y sin embargo se mantiene serena, con paz, sin revolverse contra Dios, el destino o la vida. La persona que acepta serenamente la voluntad de Dios, aunque no la entienda. Algunas veces, no con frecuencia la verdad, me toca encontrarme con personas así al desarrollar mi ministerio. Dan ganas de descalzarse los pies, pues uno descubre que está frente a un grande. Más cuando es consciente de que, por decirlo de algún modo, todavía no ha terminado su misión aquí. Deja muchas cosas en el tintero, hijos en edad escolar, proyectos matrimoniales o profesionales y, sin embargo, sin entenderlo, acepta la divina voluntad.

Cuando me encuentro con alguien así palpo el poder de la fe, más fuerte incluso que la muerte. La autenticidad de aquélla, pues no es un subterfugio para esconder la cabeza en una situación desesperada. Es sencillamente la paz que otorga la seguridad de lo que no se ve, paz que redunda en una serenidad orante, la cual pide humildemente su curación, cuando los médicos ya han desistido de que sea posible, al tiempo que acepta esa voluntad que no entiende. Una fe que hace grande a quien la posee, que es auténtica pues no se quiebra ante la prueba más dura, en definit va, que es ejemplar. Es conmovedor el temple de esas personas, del cual hay que aprender.

Ante estas situaciones, uno entiende y no entiende a la vez la voluntad divina. No la entiende a ojos humanos. Es distinto cuando alguien muere cargado de años, pues uno comprende que "no se malogró", pues tuvo su oportunidad de vivir plenamente, bien o mal según sea el caso. Pero cuando el que enfrenta ese misterioso transe se encuentra en la plenitud de la vida y deja una familia joven, el intelecto tiende a rebelarse. Se entiende, en cambio, porque uno palpa que aquella persona posee una fe madura, tiene la seguridad de lo que no se ve, está convencida del amor que Dios tiene por ella y también por quienes deja. Sabe que los quiere, pero sabe también que Dios los quiere más. Esa fe madura constituye una evidencia de que aquella alma, cual fruto jugoso, está madura también para Dios. La comunión de los santos, ese hermoso dogma olvidado, le da también la certeza de que desde el Cielo podrá ayudar más a los suyos.

A todos nos sirve encontrarnos de vez en cuando con ejemplos vivos de esa fe, que supera la prueba más dura, el trance más misterioso: el de la muerte. Al tocar esos ejemplos uno se convence de que su fe no sólo es verdadera, sino el más poderoso aliado, por no decir el único, para hacer frente al más tremendo de los misterios que enfrentamos los hombres en esta vida: la muerte. Trágicamente esos grandes hombres o mujeres cuando dan ese supremo testimonio, se marchan y nos quedamos aquí quienes todavía no hemos madurado suficientement nuestra fe, pero estamos dispuestos a aprender de quienes sí lo han hecho.

Contemplación del ataúd

Como sacerdote muchas veces debo vérmelas, cara a cara, con la muerte. En hospitales y casas, en ocasiones justo antes, otras justo después. Muchas veces acompañando a la persona para que asimile el hecho de que va a morir; otras, consolando a los deudos que sufren una dolorosa pérdida. La muerte acompaña muy frecuentemente la vida del sacerdote y, lógicamente, además de predicar las palabras del caso, además de aprovechar para orar pidiendo por difunto y deudos, se medita también sobre esta ineludible realidad, encontrarse con la Parca empuja a reflexiona , lo cual es bueno: uno nunca se acostumbra, ni al dolor ajeno, ni a la contemplación tranquila del féretro durante el velorio.

En efecto, para los deudos el velorio suele ser ocasión de abrir la llaga, de relatar una y otra vez los pormenores del deceso, de recibir abrazos y condolencias, cuando quizá lo que uno quisiera es estar solo. Pero para quienes acompañamos un tiempo al difunto y aprovechamos para meditar, son indudablemente momentos espirituales fecundos. Es curioso ver cómo preparan al difunto y los servicios que ofrecen las casas funerarias. Casi parece que quieren "dejarlo guapo". Pero al ver esos rostros, esas manos, ese cuerpo inerme, cuerpo que en ocasiones conocimos, saludamos, quizá abrazamos, la impresión no puede ser más profunda. La imaginación se escapa y se va a un futuro, cercano o lejano, en el cual quien se encuentre dentro del ataúd, fin o barato, será uno mismo.

Ver la vida desde esta perspectiva, además de realista, es saludable. Quizá es la única auténtica perspectiva, quizá sólo allí entendamos quiénes somos y lo que hicimos realmente, probablemente sólo en ese postrer momento nos habremos dado cuenta de lo que realmente mereció la pena en nuestra existencia. ¿Qué cambiaría en mi vida si meditara con frecuencia en la realidad de la muerte? Y no "en la muerte", sino "en mi muerte", que es muy distinto. Continuamente vemos que "otros" se mueren: las noticias están dolorosamente cargadas de violencia homicida en todo el globo; ya nadie pestañea al escuchar relatos de asesinatos o masacres, se han vuelto cotidianos, y si a ello añadimos que en el cine el híperrrealismo nos los muestra cruda y exageradamente, el efecto es aún menor. Pero pocas veces afrontamos el hecho de que un día seremos nosotros quienes fallezcamos.

Pensar con frecuencia en la propia muerte no sólo nos ayuda a desenmascarar la banalidad de muchos de nuestros problemas cotidianos, sino que nos empuja a buscar el auténtico valor de las cosas, a redescubrir el tesoro de nuestra vida, de nuestro tiempo, de nuestros días, a ver cómo lo estamos empleando. Sólo en el postrer momento, mirando hacia atrás tendremos la perspectiva justa que nos muestre el valor de lo auténtico y desenmascare el oropel de la apariencia, tantas veces banal y celosamente buscada. Lo que parecía importante, lo que quizá nos quitaba el sueño, visto desde esta peculiar óptica, puede aparecer insustancial e insulso. Por contraste, lo que no era apreciado por la galería, aparezca acaso como un tesoro.

Esta semana tuve la oportunidad de participar en el velorio especial, el de un sacerdote. Éstos no son tan frecuentes, pues somos pocos. El clima era diferente: menos emotivo y dramático (murió mayor: casi 84 años, casi 60 de sacerdote), pero de mayor recogimiento y oración. Al ver la paz de su rostro, al conocer la fecundidad de su vida, simplemente era evidente que había valido la pena. Su vida no fue frívola ni superficial sino fructífera, fecunda, feliz. No vivió cara a la galería, a la foto, al *selfie* diríamos ahora; pero no fue aburrida y sosa, fue una aventura sacrificad y, en ocasiones, dolorosa. El drama de la vida, como todos los dramas buenos, se decide hasta el final El ver aquel féretro me recordaba el final la importancia de terminar bien, de mirar en retrospectiva y descubrir que uno no entra en la eternidad con las manos vacías. Ahora bien, ese terminar bien no se improvisa: cada decisión, lo queramos o no, contribuye a hacer de nuestra vida una comedia, una tragedia o una epopeya… La de este hombre, sin lugar a dudas, fue una gran aventura con buen final Espero que así sea la mía, espero que aprovechemos más a nuestra buena amiga la muerte para vivir mejor nuestra vida.

Espiral del sentimiento

El punto de partida es básico: ¿qué se entiende por dignidad? Se habla de "muerte digna"; probablemente el concepto "dignidad" es equívoco. ¿Por qué adelantar una muerte inevitable es más "digno" que esperarla y aceptarla pacientemente? ¿No avasalla precisamente a la dignidad humana el hecho de decidir qué vida merece la pena ser vivida y cuál no? ¿El dolor y el sufrimiento me privan de mi dignidad? Esto parece ser la premisa escondida de la eutanasia como "muerte digna", cuando sucede más bien lo contrario: ambos imponen un religioso respeto.

Es útil precisar qué no es la eutanasia, pues a veces se confunden los términos. No es "encarnizamiento terapéutico", es decir, prolongar innecesariamente, con medios desproporcionados, una vida, con grave desgaste físico del paciente y, con frecuencia, económico para la familia. Es fruto de no aceptar lo inevitable: la inminente muerte. ¿Cómo distinguir? En la eutanasia mato positivamente al enfermo que aún vive, o puede continuar viviendo con medios ordinarios, como son alimentación e hidratación; en el encarnizamiento, inicio dolorosos y onerosos tratamientos innecesarios que no producen la cura, sino únicamente la prolongación de la vida doliente del enfermo.

¿Por qué espiral del sentimiento? Porque un argumento sentimental ha introducido la brecha de la eutanasia y ésta se ha ampliado cada vez más. Una cultura hedonista, incapaz de reconocer valor alguno al sufrimiento, cuando éste se presenta y no se puede eliminar, la única respuesta coherente que puede ofrecer es acabar con la vida. La vida sólo vale si puedo disfrutar de ella. Es decir, la vida no es digna, entendiendo por *dignidad*, algo que tiene valor en sí mismo y por lo tanto es intangible. La vida, en cambio, desde esta perspectiva, puede valorarse sobre la base de una serie de bienes externos a ella: placer, utilidad, rentabilidad, etcétera.

Con un noble motivo: eliminar el dolor; con una comprensible impotencia frente a él, fruto de haber borrado del horizonte existencial la perspectiva sobrenatural, la eutanasia parece ser la única solución. No es la única en realidad, pero sí la más práctica y económica. Resulta más rentable para un país invertir en acabar rápido con la vida de sus ciudadanos, que en clínicas de cuidados paliativos, donde se les puede dar nivel de vida a los enfermos crónicos o terminales. El problema está en que ese argumento sentimental pisotea la dignidad humana en nombre de la misma dignidad, pues la vida se valora con diferentes parámetros, es decir, no es invaluable, no es digna, no es intangible, queda a la deriva de criterios arbitrarios y cambiantes; con frecuencia, la rentabilidad de ahorrarse los gastos en cuidados paliativos.

Así, lo que comenzó como la defensa por antonomasia del principio de autodeterminación personal, garantía de la auténtica libertad, rápidamente pasó a depender del "juicio de los expertos", y son los médicos, y no el enfermo, quienes decidían en la práctica hasta cuándo "valía la pena" prolongar la vida. Así ha sido en Holanda y Bélgica, pioneros en estas lides, donde muchas veces no decide el enfermo hasta cuándo va a vivir, sino su familia o el médico o a veces la familia aconsejada por el médico. La muerte deja de ser un hecho natural para ser provocado, con mucha frecuencia sin la voluntad explícita del enfermo. Se supone que es lo que desearía, si se encuentra inconsciente o, de plano, se le administra contra su voluntad o sin preguntarle. Las leyes que en teoría lo impiden están de adorno, pues los mismos médicos se encargan de recabar la información en cada eutanasia y, obviamente, no se denuncian a sí mismos. En encuestas anónimas, frecuentemente han reconocido haber tomado ellos la iniciativa, y no hay procesados por haberla practicado sin cumplir todas las prescripciones de la ley.

Pero, además, está el hecho de la espiral. Una vez que acepté la eutanasia de los enfermos terminales, ¿por qué no la de los crónicos? Finalmente sufren más tiempo e "inútilmente". Pero si la acepto para enfermedades físicas, ¿por qué no las psíquicas? Pueden sentirse mucho peor los enfermos psíquicos. Además, el dolor es subjetivo, ¿qué es un dolor insoportable?, ¿quién decide cuándo lo es? ¿Por qué sólo los adultos?, eso supone discriminar a los niños. Así que primero vino la eutanasia con el consentimiento de sus padres, después sin su consentimiento pasados los doce años… Y el último eslabón: ¿y si alguien sano ya no quiere vivir?, ¿por qué obligarlo a ello? El Estado garantiza así el éxito y la higiene en los suicidios. Una vez que la vida deja de ser digna, es decir, intangible o "sagrada", lo que equivale a sustraída a nuestra arbitrariedad, por las razones más nobles y emotivas que se nos puedan ocurrir, ha perdido valor en sí misma y se introduce en una pendiente resbaladiza, donde termina por no valer nada.

La eutanasia de Brittany Maynard

Pienso que a todos nos ha conmovido la triste historia y el peor fina de Brittany Maynard. Lógicamente no debemos juzgarla, no es nuestra función, puesto que sólo Dios ve en lo más íntimo de las conciencias. Se impone un silencio respetuoso y, ¿por qué no?, también una súplica a Dios por el eterno descanso de su alma. Sin embargo, a una gran parte de personas nos deja el suceso un pésimo sabor de boca, con la conciencia de que hay algo que no funciona, que apesta en la sociedad contemporánea.

Realmente su situación era extrema y dramática: un año de casada, con deseos de formar una familia y, de pronto, un cáncer agresivo en el cerebro, con pronóstico de seis meses de vida, vida que cada vez viviría en peores condiciones. La decisión de Brittany sorprende por su frialdad y valor; en su artículo publicado el 8 de octubre en CNN donde explica su postura parece no pestañar al asentar que había decidido no pasar ella y no hacerle pasar a su familia un doloroso calvario. Al tomar su decisión no piensa únicamente en sí misma, también piensa en los demás, en las personas que ama con el deseo de ahorrarles las fatigas y los espectáculos de una enfermedad terminal. Su decisión, además de pragmática, es altruista, pero sobre todo es libre, es suya y ella agradece la posibilidad de poder tomarla.

El elogio del suicidio no es nuevo; asimilarlo a la virtud, tampoco. Es frecuente en los clásicos griegos y más aún en los estoicos romanos ver en él un ejemplo de coherencia, fortaleza y dignidad. Cuando alguien piensa de esta forma –forma de pensar que no comparto, pero respeto– no puedo sino constatar con dolor que hemos vuelto al paganismo, práctica y culturalmente, en grandes estratos de la sociedad. Digamos que los razonamientos y la actitud de Brittany son impecables desde una perspectiva pagana, por ejemplo, algunos de los más grandes pensadores paganos, como Séneca, no sólo los defendieron con las ideas, sino que los llevaron a la práctica. Es decir, descubrir que dentro de la sociedad la opción de Brittany sea una opción sin más, como tantas otras, libre y aceptable, signific no sólo que esa sociedad se ha vuelto neopagana, sino que para poder hacerlo ha puesto entre paréntesis 2 mil años de cristianismo y tira por la borda todo lo que esta forma de pensamiento nos dice sobre el valor absoluto de la vida humana y, por eso mismo, la auténtica dignidad de la persona, que la coloca muy por encima de otros bienes, como el bienestar o el sentido práctico, la hace intangible.

Por eso, respetando y admirándome de la coherencia estoica de Brittany, me parece sin embargo que hay algo evidentemente erróneo en la forma de formular su opción por la muerte, y es la expresión "morir con dignidad". Interiormente me subleva, por desafortunada, pues da a entender o supone que todos aquellos enfermos de cáncer o de cualquier otra enfermedad terminal, que miran al dolor cara a cara hasta el último momento, han muerto "sin dignidad". Personalmente pienso lo contrario; son ellos quienes han muerto con mayor dignidad y, al hacerlo, no han sido menos libres. Han tenido quizá la conciencia clara de que la vida es un don que no pedimos, nos fue dado, y que debemos respetar.

Es precisamente en estos casos límite donde aparece con toda su crudeza el costo de ese doloroso olvido del cristianismo. El paganismo valora la vida sólo en términos de bienestar, es pragmático. Cuando la vida no tiene estas perspectivas, no se considera útil y placentera, carece de sentido. No sabe qué hacer con el dolor, la enfermedad crónica, la discapacidad. El cristianismo, en cambio, los integra con lo que nos hace descubrir su hondo sentido humano. Brittany quería ahorrarles a los suyos el tener que cuidar a una enferma, otro error de su parte; atender y convivir con quien sufre nos humaniza, nos engrandece, mucho más, por ejemplo, que el poder estar en Las Vegas apostando con los amigos.

Felizmente no todos han perdido el sentido cristiano de la vida y muchos luchan por ofrecer otra puerta a quienes se encuentran en estas difíciles situaciones. Es el caso de Cicely Sauders, que dedicó su vida a la medicina paliativa, a los enfermos crónicos e incurables, quien puede afi-mar con sinceridad: "A otros les gustaría sufrir un infarto jugando golf, yo preferiría tener un cáncer porque te permite la posibilidad de dar gracias, pedir perdón y decir adiós".

La eutanasia de don Ovidio

En una interesante reseña de su blog, el doctor Elmer Huerta relata la muerte de don Ovidio González Correa, primer caso de eutanasia en Colombia y América latina. En Colombia se permite la eutanasia si se cumplen tres condiciones: que lo pida el interesado, que lo haga de forma consciente y que la enfermedad sea terminal. En la narración de Huerta, Ovidio es el héroe y tiene el sabor de gesta familiar, ya que en un primer momento le fue negada esta oportunidad y su hijo, importante caricaturista en Bogotá, entró al quite

a defender el "derecho" de su padre. Gracias a la campaña mediática, fina -
mente don Ovidio falleció el 3 de julio de 2015, a las 9.30 de la mañana.

Sin lugar a dudas, don Ovidio merece toda nuestra conmiseración y comprensión. La interrogante que queda en el aire es simplemente, ¿estuvo bien lo que hizo?, ¿es deseable para nuestra sociedad? La narración lo pinta como un auténtico suceso; indudablemente se trata de una novedad, pero cabe cuestionarse, ¿no será un retroceso de la humanidad?, ¿no se esconden débiles razones detrás de fuertes dosis de sentimentalismo?

Muchas preguntas quedan en el aire, muchos supuestos no son suficientement explicitados. ¿Qué es una muerte digna? ¿Son indignas las muertes de aquellos que, valientes, resisten hasta el final ¿La dignidad la da el decidir por uno mismo? ¿El suicidio es entonces una "muerte digna"? Efectivamente estaba sufriendo mucho y ninguno de los que escribimos al respecto sabemos cómo reaccionaríamos en una situación similar, pero ¿no hay otra salida?, ¿no existen cuidados paliativos?, ¿tenemos derecho a determinar qué vida vale la pena ser vivida y cuál no?, ¿según qué parámetros?

La Corte Constitucional de la República de Colombia despenalizó el "homicidio *pietístico*" en 1997, y el Ministerio de Salud del mismo país lo reglamentó apenas en abril de 2015, con lo que volvió efectiva dicha sentencia. Al hacerlo estableció unos "requisitos" (los mencionados más arriba). La pregunta nuevamente es ¿por qué esos y no otros? ¿Por qué practicar la eutanasia sólo a quienes la puedan pedir?, ¿y si sufren y no lo pueden pedir, no sería más "misericordioso" decidir por ellos? ¿Por qué sólo enfermedades terminales?, ¿no discrimino a los que tienen enfermedades crónicas y "no pueden" vivir dignamente con ellas?, ¿por qué no incluyo las enfermedades mentales?, ¿por qué no, en fin incluir también los traumas afectivos? ¿Qué es más doloroso, el cáncer de cara de don Ovidio o que una madre pierda a su único hijo, esté abandonada y no tenga trabajo?, ¿no sería igualmente "misericordioso" aplicarle la eutanasia a ella, y a todos los desesperados, siempre que "libremente" lo pidan?

La cuestión estriba más bien aquí: ¿Quiénes somos nosotros, a n de cuentas, para establecer quién debe vivir? Si no tengo un punto de referencia absoluto, el respeto a la vida humana, todo lo demás se vuelve relativo que depende de convenciones más o menos circunstanciales. En Colombia, por el momento, han puesto tres requisitos, pero la casuística y los casos límite, como el de Ovidio, seguramente los harán saltar en un futuro, de forma que la ley será cada vez menos restrictiva y su aplicación más amplia. Una vez que he tocado esa pieza, que he hurgado en la vida, todo lo demás son compromisos precarios y por fuerza circunstanciales, es decir, relativos. Si la vida tiene un valor absoluto e intangible, entre otras cosas porque ninguno de nosotros hemos elegido venir al mundo, sino que la vida se nos ha sido dada como un don, entonces tenemos un punto de referencia estable. Si quitamos esa referencia, amparados en cortes, congresos o lo que sea, vamos irremisiblemente a la deriva.

Alguien puede pensar que don Ovidio tenía derecho a pedir la muerte. Eso es cuestionable. Pero de lo que no hay duda es que don Ovidio no tenía derecho a pedirle a nadie que se convirtiera en asesino y perjuro, y eso fue el médico que lo asesinó con la aquiescencia de su familia. Perjuro porque si es médico, con Hipócrates ha jurado: "jamás daré a nadie un medicamento mortal, por mucho que me lo soliciten". Cabe decir, para todos los que recelan de las injustas injerencias de la Iglesia en la sociedad y promueven el "Estado laico", que Hipócrates es del siglo v antes de Cristo, así que pueden despreocuparse, no se trata de una nueva actitud invasiva de la religión en la sociedad.

Alfi Evans o ¿cuánto vale una vida humana?

Quizá con una mezcla de escepticismo, perplejidad y tristeza hemos seguido los esfuerzos de Alfi Evans para sobrevivir, la lucha de sus padres para garantizarle el derecho a recibir una adecuada atención médica, y los de destacados miembros de la sociedad –entre ellos, el papa Francisco–, por respetar el derecho de los padres a decidir sobre el futuro de su hijo. Tristemente hemos constatado que, sobre el derecho de la vida, el derecho de ser atendido médicamente y el derecho de los padres de decidir sobre sus hijos pesan los prejuicios ideológicos, primero de un juez y luego de todo un estamento de jueces.

En efecto, no se trata sólo de que los médicos del Hospital para Niños Alder Hey o incluso el magistrado Anthony Hayden y, con él, la Corte Suprema Británica, consideran que la vida de Alfi no merece la pena y que, paradójicamente, "tenga derecho a morir"; sino que el Tribunal Europeo de Derechos Humanos respalda dicha postura. De hecho, sin que lo digan expresamente, pero sentando antecedentes indudablemente, defiende que el supuesto derecho de "dejar de seguir viviendo" prima sobre el derecho a la vida de un bebé indefenso y el de sus padres de defender esa vida. En Europa, hoy por hoy, prima "el derecho a la muerte" (inexistente en realidad) sobre el derecho de la vida.

Sencillamente, es de locos, el mundo al revés a carta cabal. El hospital, los médicos, el juez, el tribunal imponen su ideología, según la cual la vida de Alfi no merece ser vivida, ni vale la pena luchar por ella, pues tiene una enfermedad incurable. Siguiendo esa lógica, quizá deberíamos eliminar a todos los enfermos que padezcan este tipo de enfermedades y decirle a todos aquellos que luchan por su vida a pesar de tener un pronóstico adverso, que no merece la pena su esfuerzo. Eso es lo que implícitamente sostiene la sentencia que pesa sobre la vida de Alfi y sus doloridos padres. No sólo es que Alfi luche por su vida, sus padres también dan la batalla por sus derechos, pero pesa más la ceguera ideológica de un grupo de médicos y juristas.

Porque, en realidad, ¿qué les cuesta dejarlo subir al avión para ir a Italia para ser atendido? ¿Qué podría pasar? Lo peor que podría ocurrir es que la naturaleza siga su curso y el pequeño muera. ¿Por qué entonces no lo dejan siquiera intentarlo, cuando hay un hospital y médicos dispuestos a dar la batalla y respaldar así el deseo desesperado de sus padres? La única explicación posible es porque aceptar esa petición (racional, comprensible y coherente) supone reconocer que la vida de Alfi (un enfermo con una enfermedad aparentemente incurable) tiene un valor en sí misma, lo cual no están dispuestos a hacer. Para los médicos y los jueces, Alfi (a pesar de su esfuerzo y el de sus padres) sólo tiene "derecho a morir", sólo merece morir, es más, debe morir. Hemos llegado al absurdo de que el supuesto "derecho a morir" prima sobre el derecho a la vida e iría contra los derechos humanos prolongar la vida de Alfie Por si quedara alguna duda, el Tribunal Europeo de Derechos Humanos ha sancionado dicha sandez.

El pequeño Alfi en realidad no está peleando sólo por su vida, sin ser consciente de ello: representa el clamor de la dignidad humana por ser reconocida. Se ha convertido en una pieza de una colosal batalla ideológica. ¿Qué supone dicha dignidad? Simplemente considerar la vida humana como intangible, como un bien no sometido a otro tipo de intereses ni a ningún conjunto de ideas. Al obligarlo a morir, se está reconociendo por la vía práctica que la cultura de la muerte prima sobre la cultura de la vida, que los derechos humanos ceden el paso a principios ideológicos, entre ellos, considerar que la vida no es un valor absoluto, sino que debe ser evaluada por un selecto grupo de "expertos" con la capacidad de decidir si tiene valor o no, según una escala por ellos fijad y conocida. A los demás, lógicamente, sólo nos queda bajar la cabeza y aceptar dócilmente su "sabio" proceder.

Pero el pequeño Alfi se rebeló y evidenció públicamente la ceguera de los "expertos". En los planes de médicos y juristas, lo que debería haber sucedido es que el niño muriera al ser desconectado. Al seguir vivo a pesar de todos los pronósticos, no sólo ha demostrado lo precario y contingente que pueden llegar a ser los diagnósticos de los expertos, sino también la intencionalidad ideológica de la que él solo era una pieza para sacrifica . Por ello, ahora, en vez de procurar su vida, desean su muerte, pues expone impúdicamente, hasta el ridículo, a dictámenes médicos y prejuicios ideológicos convenientemente camuflado detrás de sentencias jurídicas pseudojustas. Aunque sólo haya durado un día más de "lo planeado" o "lo previsto", Alfi ha puesto en berlina el verdadero rostro de la medicina y el derecho europeos que, en lugar de defender a la persona, prefiere justifica determinados prejuicios ideológicos.

La lucha de Alfi no es únicamente por su vida, sino que pone en evidencia la lucha por la vida y, con ella, por la dignidad humana, contra la cultura de la muerte. Parece ser que la segunda prevalece en Europa, pero gracias a Alfie por lo menos ha sido ventaneada y expuesta a público escarnio.

Cuando el suicidio se pone de moda

No deja de ser inquietante que de pronto el suicidio se encuentre de moda entre los jóvenes. En efecto, no se trata de macabros pesimismos, sino de los fríos e impersonales números, así como de las series y juegos juveniles en boga. El éxito de la reciente serie de Netfli *13 Reasons Why*, en que una adolescente se suicida y deja trece cintas con grabaciones donde explica los motivos de su decisión, así como la misteriosa difusión del juego de retos "la ballena azul", cuyo último desafío es, en la práctica, un suicidio, no dejan mentir.

Unas frías estadísticas muestran, además, de que se trata, tristemente, de un tema juvenil, por lo menos en los Estados Unidos (y sería deseable que no se exportara a otros países esta moda, como sucede usualmente). Según el Center for Diseases Control (CDC), fuente oficia de estadísticas poblacionales en Estados Unidos, el crecimiento de suicidios en adolescentes ha sido exponencial los últimos 10 años. A partir del 2008 constituye una de las 10 principales causas de muerte en aquel país. Desde el 2011 supera al homicidio como causal de muerte y se configu a como la segunda causa entre personas de 15 a 24 años. En 2013, el suicidio ocupó el tercer puesto entre los chicos de 10 a 14 años. En síntesis, no es broma decir que el homicidio está "de moda" entre los adolescentes. La serie de Netfli y el juego de la ballena azul sencillamente evidencian lo que ya estaba allí.

Ahora bien, en este contexto, la pregunta que queda en el aire es qué hacer con la situación actual, en concreto, con esas dos "modas": el juego y la serie. La experiencia dice que "no recomendarla" equivale a promoverla, hacerle publicidad indirecta, más aún entre el público adolescente, pues si a todos nos atrae lo prohibido, mucho más fuerte resulta esa atracción para los jóvenes, y se convierte en realidad en una invitación, un reto, un desafío, una forma de cristalizar la propia rebeldía, valor e independencia. Quizá la mejor estrategia no sea entonces prohibirla, ni siquiera hacer escándalo. Quizá, en cambio, sea la oportunidad de hacer con limones, limonada.

Al preguntar a un grupo de quinto año de secundaria en un colegio femenino sobre la serie, el resultado fue el siguiente: todas las estudiantes la habían visto, les había gustado y, según afirmaban ninguna había comenzado a autolesionarse por causa de ella. Al preguntar a unos chicos sobre su opinión al respecto, les parecía positiva, incluso en su crudeza (en realidad, muchos de ellos suelen ver cosas mucho más fuertes en la red). ¿Por qué? Porque evidenciaba la dureza del acoso escolar, y al presentarlo como efectivamente es en la vida real, invitaba a reflexiona . Ahora bien, al consultar con un psicólogo especialista, el panorama puede ser muy diferente para una persona que efectivamente sufra acoso si no cuenta con el respaldo adecuado, pues podría inducirla al suicidio.

¿Dónde se encuentra entonces la oportunidad?, ¿cómo hacer la limonada? En realidad, más allá de la serie o el juego que, insisto, refleja algo que ya estaba allí, es decir, el alto índice de suicidios juveniles, la oportunidad está en ir a las causas con ocasión de estas dos realidades. Los suicidios juveniles reflejan en gran medida, una carencia familiar. Una falta de acompañamiento o de comunicación entre padres e hijos, cuando no la ausencia de lazos auténticamente familiares. Tanto el juego macabro como la serie que se regodea en el suicidio y en el acoso, suponen la oportunidad de que los padres conozcan el mundo de sus hijos y los acompañen.

Más que prohibir verla, pues equivale a una invitación a mirarla, harían mejor en estar al tanto de lo que ven y, si es posible, acompañarlos cuando la vean. Aprovechar la ocasión para iniciar la conversación y hablar de aquellos temas tan importantes, de los cuales muchas veces los padres no saben cómo hablar o no se atreven. La visualización de la serie o el comentar el reto de la ballena constituye una excelente oportunidad para conversar tomando pie de ellos, sobre realidades de gran calado: el desarrollo de un sano espíritu crítico respecto de lo que se hace viral en las redes, su mundo afectivo, la amistad, la sexualidad precoz y quien sabe cuántas cosas más. La crisis supone también la oportunidad de preguntarnos como sociedad: ¿qué estamos haciendo?, y aceptar con sencillez la factura que nos ha dejado, en la práctica, la destrucción de la familia. Si no, la serie y el juego pasarán, no así los suicidios.

Los millennials y la muerte

El reciente y triste deceso de Noa Pothoven, la adolescente de 17 años que se suicidó en Holanda con la connivencia de su familia nos plantea el desafío de entender cómo se enfrentan a la vida y a la muerte los millennials o, en este caso para ser más precisos, los chicos de la "generación Z". Ahora bien, no es lo mismo un chico de esa generación en el primer mundo, desarrollado, industrializado, donde campea por los aires una civilización hedonista del bienestar, que un muchacho de la misma edad en la India, Somalia o los suburbios del Brasil. No es lo mismo ser millennial en el primer mundo, que en el tercero, cuarto o quinto. Pero todos miran al primer mundo como modelo y quizá ese modelo se torne trágico y muestre su auténtico rostro, que se desvela con particular lucidez mediante hechos como el suicidio de Noa.

No deseo poner el énfasis en la triste espiral de la muerte que se observa en Holanda, a raíz de legalizar la eutanasia; en cómo esos contados y extremos casos se multiplican y extienden de forma que actualmente un adolescente puede pedirla sin el consentimiento de sus padres a los 16 años, y un niño de 12 puede acceder a ella con su consentimiento. Actualmente, alrededor de 20 personas son asesinadas "legalmente" al día en Holanda. Tampoco es mi intención subrayar el absurdo que supone secundar la voluntad de suicidio en una adolescente enferma psíquicamente, que para consumarlo necesita el apoyo de su familia y, ¿cómo no?, de los políticos que hábilmente instrumentalizarán para su causa aquel absurdo sacrificio

Mi interés va más por el lado de levantar la voz de alarma y evidenciar una debilidad característica, primero de los millennials, y más agudamente de la "generación Z", así como en el drama del vacío al que conducen las secularizadas sociedades del confort y bienestar. La cultura hedonista propicia una cierta seducción de la muerte o, dicho de otra forma, la vida sólo merece la pena ser vivida si se disfruta, si encuentro placer en ella. En caso contrario, debo terminarla y, lo más importante, nadie tiene autoridad para decirme nada al respecto, porque es mía y es mi decisión, y ése solo hecho basta para que sea correcta.

En este caso, el hecho de que Noa sea holandesa no es casual. Holanda se ufana de ser la primera sociedad atea de la historia (título que compartía con la extinta República Democrática de Alemania), paradigma de la secularización y el libertinaje. Algunas zonas de Ámsterdam son famosas por la naturalidad de sus prostíbulos o de sus tiendas para consumir marihuana. Presumen también de cómo, tristemente, sus iglesias medievales se han convertido en bibliotecas, discotecas y salones de juegos, es decir, ya no necesitan de Dios, pues lo consideran un elemento superflu en su existencia. Holanda sería entonces paradigma de sociedad desarrollada, liberada y secularizada.

Y ¿qué sucede entonces? Sencillamente, esa emblemática sociedad no es capaz de proporcionar un motivo suficient para vivir a una talentosa millennial y eso es preocupante. La sociedad hedonista y de consumo no puede ofrecer un sentido al dolor, ni la capacidad de afrontarlo. El aparente "espíritu fuerte" capaz de renunciar a Dios como engaño, patraña, minoría de edad cultural, medio de manipulación, epígono de la ilustración, etc., muestra su honda debilidad, el vacío existencial al que conduce y la incapacidad de integrar el dolor, un acompañante no deseado, pero ineludible de la vida humana. Simplemente: la sociedad hedonista y secular descansa en una ficción Rechaza a Dios como fruto de la imaginación y fracasa al intentar dotar de sentido a la vida humana. Ridiculiza a Dios y la religión, pues los considera ficciones cuando en realidad lo es el secularismo, una abstracción teórica que fracasa al enfrentarse con la realidad más cruda y común, como lo es la del dolor.

En este sentido, las dos debilidades van de la mano: la cultura hedonista de la muerte –empeñada en implantar aborto y eutanasia, que hacen de la muerte y la violencia camuflada su valor vital–, y el drama de los millennials, incapaces de hacer frente al sufrimiento y son recelosos de la religión institucionalizada. El secularismo tiene un costo, el ateísmo práctico que lleva aparejado también, Noa nos lo muestra con su triste muerte. Al abandonar a Dios, y en concreto al cristianismo, la cultura no sabe cómo dar sentido al dolor ni enfrentarlo mientras que la vida deja de tener un valor objetivo, para sólo valorarse subjetivamente en la medida en que se puede disfrutar. Es lo que proféticamente señalaba el Concilio Vaticano II: "Sin el Creador la criatura se diluye". Noa Pothoven tenía un inmenso potencial, fue capaz de escribir su propia autobiografía y convertirse en *influencer*, es decir, modelo para los jóvenes. Pero, si el modelo elige quitarse la vida ante la experiencia del dolor y el sufrimiento en la existencia, en vez de superarlos, ¿qué mensaje transmite a sus seguidores?

Noa Pothoven

El caso de Noa Pothoven ha causado clamor, y con razón, en la sociedad. Pero dicha consternación entraña, sin embargo, una honda incoherencia o, según se quiera ver, un problema irresoluble. Podríamos llamarla "mártir del absurdo de la vida", "mártir de la injusticia" o "mártir del vacío existencial". En el momento de redactar estas líneas, parece que, más que eutanasia, se trató de un suicidio, en este caso no asistido, sino consentido. En él podemos detectar algunas de las hondas contradicciones e incoherencias a las que nos conduce la "desarrollada" sociedad del bienestar.

Su historia es dura y contrastante. Abusada sexualmente a los 11 y a los 12 años, violada a los 14 por su primo, padece, consecuencia de esos abusos, anorexia, estrés postraumático y depresión. Solicita la eutanasia a los 16 años (momento en el cual es legal pedirla en Holanda sin el consentimiento de los padres), es rechazada. Finalmente se deja morir, de hambre y sed, se desconecta de la sonda nasogástrica que la mantenía viva. Su madre denuncia a la burocracia holandesa que le impidió recibir la ayuda psiquiátrica necesaria. Un año antes de morir, publica su autobiografía titulada *Ganar o aprender*, donde narra sus abusos sexuales y la falta de apoyo que recibió. El libro se convierte en un *best seller* holandés, ella en una *influencer*, que por medio de las redes sociales va relatando, primero su lucha por vivir, finalment su empeño en morir, el cual concluye con una frase, a la par emotiva y oracular, capaz de convertirse en pegajoso grito de batalla: "El amor es dejar marchar. En este caso, así es".

¿Por qué contradicciones?, ¿por qué incoherencias? No es simplemente decir: "¿no quieres vivir más, muy bien, te dejamos morir?". La respuesta sencilla y superficia consiste en afirma justamente eso: se trata de un ejercicio de la libertad; ella eligió no vivir y nadie tiene derecho de sostener lo contrario, de decir que merecía la pena vivir, porque nadie estaba en sus zapatos ni experimentaba su sufrimiento. Pero así enunciado, si bien simple, sencillo, huele mal. Se corre el peligro de instrumentalizar su dolor y respaldar su trágica decisión.

En primer lugar, contradicción porque, por un lado, exaltamos su gura, su legado, su mensaje, pero, por otro, legitimamos que muera. Lo hacemos como lo hizo su familia: dejándola morir; no es un "suicidio asistido", sino "consentido". Estrictamente hablando, su familia la dejó morir de hambre y sed. Esto es, como si su vida no tuviera un valor objetivo, sino puramente subjetivo, el valor que ella quería darle. Contradicción porque el hecho de que fuera capaz de contar su historia, escribir a los 16 años una autobiografía de éxito y ser una *influencer*, pone en evidencia la valía y el impacto de su vida, vida que no custodiamos ni defendimos. La tratamos, simultáneamente, como si su vida valiera y no valiera.

Incoherencia porque no se ofrecieron más opciones. Como si la única alternativa digna fuese dejarla morir, cuando constaba médicamente que tenía varias enfermedades psíquicas. En vez de curar los trastornos psíquicos, pareció más adecuado dejarlos seguir su curso. Si aplaudimos su suicidio, implícitamente estamos afirmando es mejor defender las consecuencias de los desórdenes psíquicos, en vez de intentar curarlos. No podemos defender su derecho de tener la conveniente asistencia psiquiátrica y, al mismo tiempo, su "derecho" a dejarse morir, como consecuencia de sus desórdenes psíquicos. Obviamente, es más sencillo y barato dejar seguir su curso a la enfermedad que intentar curarla.

Incoherencia porque, por un lado, afirmamo nuestro cariño y admiración por ella, reconocemos la injusta situación dolorosa que causó su padecimiento –los abusos sexuales–, pero en lugar de ayudarla a vivir, a superar ese doloroso transe, secundamos las consecuencias últimas de dicha injusticia. El mensaje es tremendo: la última palabra la tiene la violación, lo definit vo es la injusticia; una vez sufrida, no merece la pena vivir. Lo terrible es que se manipulan de tal forma los sentimientos que el amor es dejar morir, cuando dejar morir es matar, pues se trata de una persona que no está plenamente en sus cabales y necesita ayuda. El amor, aquí, sería no ayudar o, según se vea, ayudar a que la injusticia y la enfermedad terminen lo que comenzaron. Cuando en nombre del amor dejo morir a quien todavía podría seguir viviendo –no es el caso de un enfermo terminal– algo anda mal en la palabra "amor".

Es delito no prestar ayuda a quien se encuentra en una grave situación de perder la vida, pudiendo hacerlo, pero debemos dejar que alguien se suicide. El valor supremo de la vida es la libertad, pero libremente puedo elegir dejar de vivir. La sociedad más desarrollada carece de las herramientas necesarias para convencer a una adolescente que vale la pena seguir viviendo. No cabe duda que la eutanasia nos enfrenta crudamente a las contradicciones más hondas de nuestra sociedad.

V
Evangelio
de la
sexualidad

El sexo es omnipresente en la cultura hodierna. Podríamos decir, sin temor a exagerar, que en amplios sectores de la sociedad actual existe un auténtico "culto al sexo". Pero, simultáneamente, también una serie de curiosas ambigüedades, incoherencias e inconsistencias a la hora de tratar el tema en el debate público.

Por un lado, se reclama el derecho a la salud sexual, que se entiende como el ejercicio placentero de la propia sexualidad sin constricciones de ningún género, pero no se dice nada acerca de su significad o sentido. Toda formación sexual suele reducirse a cuestiones técnicas, sobre cómo evitar un embarazo o contraer una ETS. Los medios de comunicación hacen un continuo llamamiento a despertar las apetencias sexuales, se instrumentaliza a la mujer y se la valora únicamente por sus atributos sexuales, pero luego nos escandalizamos de los embarazos adolescentes y de la violencia hacia la mujer, que frecuentemente va unida al abuso sexual.

Es decir, ofrecemos medios técnicos para "controlar el sexo", pero no proporcionamos herramientas morales para gestionar las propias inclinaciones. Partimos de la bondad natural de nuestras tendencias, pero luego nos extrañamos por los destrozos que esas mismas tendencias producen.

En medio de todo ello, se lucha una sorda batalla ideológica. En efecto, hay dos versiones antagónicas del sexo, las cuales dan lugar a dos conceptos de lo que signific el amor, ser persona, una familia. Esas visiones del sexo, del cuerpo, de la persona y de la familia, producen modelos distintos de sociedad. En esas discusiones se entremezclan elementos ideológicos, económicos y religiosos. No es sencillo ofrecer, en consecuencia, un panorama claro, sosegado y desapasionado de la cuestión. Los siguientes parágrafos buscan simplemente unas sencillas pinceladas para aclararnos en ese sentido.

Reinventar el 14 de febrero

Como todos los años, el 14 de febrero somos testigos algunos, protagonistas otros, de la fiest del amor y la amistad. Como tantas cosas en nuestra sociedad, no puede sustraerse de las leyes del mercado y supone una activación económica, gracias al incremento de ventas en restaurantes, florerías peluches, chocolates y un largo etcétera. Sin embargo, debido a como se ha transformado la sociedad, quizá el amor cortés y romántico que estaba en el origen de la celebración, ha sufrido una metamorfosis.

¿Cómo puedo afirma lo anterior si, personalmente, más que protagonista soy espectador de la celebración? Quizá por eso mismo, por no estar directamente involucrado y gozar de una perspectiva privilegiada. Durante años he tenido la oportunidad de seguir el festejo, primero en colegios de chicas y de chicos, después en aulas universitarias. Ahí es donde, para mi sorpresa, descubrí un crudo realismo en adolescentes y jóvenes. Sencillamente, el alto nivel de erotización en las relaciones, así como la futilidad de éstas, habían quitado la venda de los ojos a muchas niñas, que ya no creen en el amor romántico. Dicha forma de amor estaría bien para las novelas, las telenovelas, las series quizá (aunque cada vez menos), pero no funciona en la vida real.

El desencanto o, mejor aún, desesperanza por el amor romántico, el amor cortés, consigue que las relaciones entre chicos se vivan con un prisma pesimista: aquello no puede durar mucho, esconde siempre intereses egoístas; en el fondo puede vivirse como un choque de egoísmos, un contrato en el que cada quien da una parte para satisfacción personal. Cuando la contraparte ya no satisface o se encuentra algo mejor o simplemente se produce hastío, cansancio o monotonía, se abandona en busca de otra relación. A veces, incluso, no se busca ningún tipo de relación ni de vínculo afectivo, simplemente se trata de vivir el momento, sin preocuparse de lo que vendrá después. De esta forma, con perdón, usando la jerga que manejan los jóvenes, uno puede tener un "agarre" de noche con una chica, y al día siguiente ni siquiera saludarla, o no saber quién es, o no tener el menor interés por ella, ni ella por él. Digamos que estaban en el momento juntos sólo para satisfacer una necesidad casi fisiológica

La rapidez con la que se llega, también con el empleo de las apps convenientes, a la intimidad sexual, hace que esta misma se banalice y convierta en parte de un juego, pleno de emociones, pero carente de significado Las personas ya no se perciben a sí mismas como personas, es decir, como una realidad enormemente rica y compleja, sino como objetos de deseo y se proponen afanosamente alcanzar un estándar mínimo de calidad. Más que desear ser una buena persona o, de perdida, un buen partido, lo que se anhela es tener un buen cuerpo.

En ese contexto me he encontrado frecuentemente con personas de ambos sexos que sufren ante la dificulta de encontrar una pareja para establecer una relación estable y significat va. A veces la desilusión que supone descubrir que la contraparte aspira principalmente a "llegar a la cama", sume a muchos de ellos en un profundo desaliento. "El amor romántico es hermoso, me encantaría vivir una experiencia así, pero en la actualidad ya no se ve factible, pecaríamos de ingenuas si creyéramos en ello", palabras más, palabras menos, me han comentado, desilusionadas, muchas chicas.

A ello se suma que, ordinariamente, el amor cortés o romántico aspiraba a dar origen a una relación seria, estable. Tenía, en un horizonte lejano pero definido el propósito de llegar al matrimonio y formar una familia. He conocido varias personas que se han casado con su primera y única novia o enamorada. Pero ahora me he encontrado –lo que sociológicamente no deja de ser interesante– con una más rica variedad: personas que de entrada no desean casarse; otras, no tener hijos: otras, tener hijos sin casarse; otras, casarse sin tener hijos. Obviamente, el fruto de esta nomenclatura no puede sino producir un cambio profundo en la estructura de la sociedad. En estas circunstancias es vital no ceder al pesimismo y, sin imponerlo –porque es imposible y no tendría sentido–, mostrar nuevamente la belleza y el encanto del amor cortés de una relación romántica, con la expectación e ilusión que lleva consigo. Podría, además, estar condimentada con el testimonio de parejas que, al comenzar así, han podido vivir una aventura de amor a lo largo de toda su vida. Es decir, redescubrir a los ancianos que se aman. Quizá sea la mejor tarjeta de presentación del nuevo romanticismo y el augurio de un renovado san Valentín o, podríamos denominarlo también, "en busca de un erotismo cristiano".

Amor en el velorio

Difícilmente alguien creerá que se puede descubrir el significad   del amor auténtico, del verdadero amor, en un velorio. No pienso ahora en el hecho real que afecta a dos amigos míos, quienes conocieron a su segunda esposa en el velorio de la primera. La Providencia de Dios en ocasiones parece bromear con nosotros, pero no me refier   a un hecho curioso en particular, sino a una idea, mejor aún, a una realidad de fondo.

En efecto, esta semana falleció un buen amigo mío –cuyo nombre omito por razones de privacidad– al que solía llevar la comunión cada semana. Era una persona anciana, de 87 años, con varios hijos y muchos nietos, esparcidos además por la geografía del planeta, que felizmente llegaron a tiempo para despedirse de su papá/abuelo antes del desenlace final al que lo condujo un doloroso cáncer llevado con mucha fe y paciencia. Durante el velorio, conversando con una hija suya, me hizo notar que su padre, más bien parco afectivamente a lo largo de su vida, al fina había "cedido" a tener manifestaciones inusuales de ternura. En concreto, me comentaba, que la ahora viuda lo engañaba y le decía, cuando ya estaba en cama: "fulanito me ha pedido que te dé un besito de su parte", y con pillería le propinaba un tierno beso en los labios.

Podría parecer una anécdota cursi, pero el dato es que tenían más de 65 años de casados. De hecho, el ver repetirse con regularidad la "trampa" para tener el "pretexto" de arrancarle un beso en los labios a su marido, impulsó a la hija, fotógrafa profesional, a captar ese mágico momento. Y es que en verdad es mágico ver a dos ancianitos besándose, como tortolitos enamorados, después de 65 años de estar juntos. Al escuchar el relato pensé, "¡éste es el verdadero amor!", y creo no equivocarme en esta ocasión. No dejaba de ser curioso realizar este "descubrimiento" durante un velorio. No cabe duda, cada día puede aprenderse algo, hasta en las circunstancias más inverosímiles, como puede ser velar a un difunto.

Tenía vivo el tema del "verdadero amor", del "auténtico amor", porque estos días estoy releyendo una auténtica joya que nos ha dado Francisco, la Exhortación Apostólica postsinodal *Amoris Laetitia*, texto que recomiendo ampliamente, por su profundo sentido práctico y pastoral. De alguna forma me pareció ver encarnado el ideal que propugna el Papa en ese ícono inmortalizado por la cámara: la anciana besando en los labios al esposo que ama, como a hurtadillas, cuando se encuentra postrado, preparándose para dar el gran salto a la otra vida. Me parecía una imagen acabada de un amor que no fracasó y que dejó no sólo una generosa descendencia, sino algo quizá más importante, un hermoso ejemplo para esa prole, y para quienes fuimos testigos de la grandiosa sencillez que supone la fidelida al amor a lo largo de toda una extensa vida.

Era la imagen lograda, auténtica y sencilla a la vez, de que vale la pena el esfuerzo, de que todavía es posible el amor real, el amor auténtico, de que no se trata de una declaración recogida en ampulosos textos, sino de una fresca y encantadora realidad vital. Me traía a la memoria otra valiosa idea de Francisco, ¡cuánto podemos aprender de los ancianos!, y ¡cómo desperdiciamos con frecuencia los tesoros de su sabiduría!, y nos dejamos obnubilar por las caretas falsas del amor que nos ofrece la sociedad de consumo; engañándonos a la postre, y llevándonos con frecuencia a convertir en objeto a la mujer o a instrumentalizar el sexo para la propia satisfacción, en una especie de alarde egoísta..

Al vacío y desprestigiado amor, reducido a una de sus dimensiones, la erótica, como si fuera la única; a los banales amoríos, a la par falsos y exhibicionistas de las redes sociales –de los cuales soy testigo privilegiado, pues tengo muchos amigos adolescentes que dejan testimonio de ello en su "muro"–, se opone esta sencilla y fuerte imagen del amor real. Ciertamente uno adivina que no es fácil y que no cualquiera lo conquista, pero se comprende también que vale la pena el esfuerzo, aspirar a esa consumación merece el sacrifici necesario. La serenidad, la paz en medio del dolor de aquel velorio me confirmaro en ello: había sido una vida lograda porque había conseguido alcanzar el amor maduro.

Mártires afectivos

No quiero hacer un uso abusivo de la palabra "mártir". En sentido preciso se refier a aquella persona que da la vida por Cristo y que ofrece el supremo testimonio de su vida para mostrar el valor inconmensurable de la fe. Por extensión, se dice de todo aquel que da la vida por defender una causa que valora más que a su misma existencia o, dicho de otra forma, quien acepta perder la vida antes que violar su conciencia. Ahora bien, análogamente, se puede hablar, sin violentar demasiado al lenguaje, de mártires profesionales, es decir, de todos aquellos que sufren injustas vejaciones laborales por ser fiele a su fe o, más ampliamente, a su conciencia. ¿Puede extenderse el uso de la palabra "martirio" a la dimensión afectiva?

No debemos olvidar que la afectividad es la gran dimensión humana, muchas veces soslayada, que actualmente ha conquistado un rol protagónico en la existencia personal. Los sentimientos no son algo accesorio, sino fundamental en la vida, hasta el punto de que demasiadas personas se consideran infelices o sin ganas de vivir por no tener bien resuelta esta esfera. La dimensión afectiva está llamada a integrarse convenientemente con la intelectual, volitiva y corporal; este equilibrio permite al individuo tender a su plenitud natural. Es cierto que una perspectiva sobrenatural puede paliar las deficiencia en alguno de esos cuatro elementos, e incluso abrir esa dimensión meramente humana a un horizonte mucho más amplio. En este sentido, una persona poco inteligente, con voluntad débil, con fracasos sentimentales o enferma puede ser feliz y dar un sentido a sus carencias, a través de su relación personal con Jesucristo.

Ahora bien, el problema surge cuando la amistad con Jesús choca frontalmente con la relación afectiva seria de una persona. Cuando ser fie a Cristo empuja a la ruptura con la pareja, o cuando la pareja exige, como signo de cariño y auténtico compromiso, lo que entraña infidelida a Dios. Cada vez se torna más frecuente este aciago dilema: si quiero ser fie a Jesús, tengo que romper mi compromiso afectivo, o mi pareja sentimental me exige poner entre paréntesis mis convicciones morales y mi relación con Jesús. Si la quiero realmente, ella tiene que ir antes que Jesús, si no, no la quiero. Debo elegir.

Un ámbito donde se presenta esta disyuntiva amarga, aunque no el único, es el de la vida sexual. Muchas parejas exigen, como parte de la relación, tener sexo. Sería un ingrediente necesario y, en algunos casos, el motivo por el cual estamos juntos: tener relaciones. Si uno de los dos tiene trato personal con Jesucristo o sencillamente otros principios morales, el amor por su pareja debería llevarle a ponerlos entre paréntesis. Por amor a la pareja deberían entonces abandonarse, por lo menos temporalmente, los propios principios morales, la fidelida   a Cristo.

A esta difícil disyuntiva se une el peso de las propias pasiones, de las inclinaciones y tendencias arraigadas en lo más profundo de nuestra naturaleza, en nuestro instinto. Ser fie a Cristo siempre, pero particularmente en materia sexual, exige esfuerzo. Dicho esfuerzo es sano, pues nos lleva a sacar lo mejor de nosotros mismos, a crecer en muchos aspectos para paliar la debilidad ínsita de nuestra inclinación sexual. Quien quiere ser fie a Jesús debe luchar en dos frentes: por fuera con su pareja, quien se sirve de una especie de chantaje sentimental para que deje en la cuneta sus convicciones como manifestación necesaria del amor, y por dentro, con sus propios demonios, que le empujan a dar cabida suelta al instinto.

No hay que idealizar la condición humana. Quien desea ser fie a Jesús puede tener flaquezas caídas, y sabe que Dios siempre perdona, pues conoce nuestra debilidad y el esfuerzo que ponemos para serle fieles El problema es cuando la pareja empuja a elegir: "o Jesús o yo", pedir el sacrifici de la conciencia en el altar del amor. Puede decirlo expresamente o con los gestos, o sencillamente orillar a que sea el propio interesado quien descubra: "no puedo mantener esta relación si quiero ser fie a Jesucristo y mantener la integridad de mi conciencia". Cuando el amor por la pareja es real, cuando junto con esa divergencia de principios morales se advierte toda una inmensa riqueza personal –el sexo no lo es todo–, tomar la decisión de quedarse con Cristo es muy dura. Cuando se sacrific la propia vida afectiva en el ara de la fidelida a Jesús, podemos afirma que ahí se ha dado un auténtico "martirio sentimental", que no quedará sin premio, como todo gesto heroico de fidelida a Dios y a la propia conciencia.

¿Sexo en el noviazgo?

La pregunta es ¿por qué no? O quizá ¿por qué sí? Este breve texto puede considerarse continuación de "Mártires afectivos"; para las personas que prefiere terminar una relación, por divergencias sexuales. Acaban con el enamoramiento o el noviazgo, por pensar que el sexo debe reservarse para el matrimonio, mientras que su pareja lo considera un elemento imprescindible de la relación. Ahora bien, queda una pregunta en el aire, ¿cortar es la única salida? ¿Qué hacer si hay criterios diametralmente diversos en lo que se refier a la vida sexual y la afectividad?

Sería un abuso ofrecer recetas fáciles, generalizar algo tan íntimo como la relación de pareja. Por eso mismo ayuda mucho, como marco o esquema, tener claro el escenario. Un caso es el de la persona que decide terminar con su relación por coherencia con los propios principios, al aceptar que el modo como se desenvuelve es incompatible con ellos y, tras varios intentos fallidos, termina por reconocer que es irreconciliable con su conciencia y su fidelida a la enseñanza moral de Jesús; al camino que Él nos muestra para alcanzar la Vida, con mayúscula. En ese caso, se tiene la heroicidad de poner a Jesucristo por encima de los propios sentimientos.

Pero existen otros escenarios. Por ejemplo, el de quienes, sin compartir las ideas sobre sexualidad, las respetan o, por lo menos, lo intentan. ¿Motivo? valoran las convicciones de la pareja, la quieren como es, no como les gustaría que fuera, lo que es señal de cariño auténtico, capaz de prescindir del deseado ejercicio sexual. Estas personas valoran más a su novia o novio que a sus deseos sexuales o a su propia visión de la relación. Son capaces de privarse de algo que desearían y de aceptar una forma de pensar distinta. Puede que sea un poco a regañadientes, pero lo aceptan. Ven la relación como algo más amplio, capaz de apoyarse en otros elementos, y son capaces de mantenerla, a pesar de las desavenencias en materia sexual. En el fondo, se dan cuenta de que la persona vale más que el sexo y que, además del sexo, existen otras formas valiosas de expresar la afectividad.

Aunque esta situación sea posible, y requiera cierto grado de heroicidad por parte de quien desearía tener una vida sexual activa, no debería minusvalorarse la importancia del sexo en la relación y, consecuentemente, de tener un criterio común al respecto. ¿Por qué? Porque tener un fuerte contraste en el aspecto sexual implica muchas cosas: supone, de fondo, una visión divergente del cuerpo, la persona y la vida. Temas importantes que no se comparten dentro de la relación de pareja. Quizá pueden "soportarse" un rato, pero ¿se puede vivir así siempre? Por ejemplo, la sexualidad está ligada a otros temas fundamentales, como la apertura a la vida, esenciales en la relación matrimonial.

No es bueno, en líneas generales, exigir habitualmente a uno de los interesados una conducta heroica o la renuncia a sus propias convicciones o deseos. Por eso es importante mantener vivo el diálogo sobre los temas esenciales a lo largo de la relación, como pueden ser la sexualidad y la apertura a la vida, intentar un consenso, aunque sea mínimo. Son temas que no deberían eludirse para evitar problemas. No es oportuno obsesionarse con el sexo, atosigar continuamente o intentar imponer la propia visión; pero tampoco eludir ni minimizar el asunto. Se requiere un diálogo fructuoso capaz de fortalecer la relación, o de reconocer, dolorosamente, que ya no es posible ni realista sostenerla.

Es posible, sin embargo, cimentar una relación con visiones diferentes sobre la sexualidad; no se trata de una barrera absoluta. La clave está en encontrar otros puntos de apoyo. En este sentido, las divergencias durante el noviazgo son un buen entrenamiento, para ver si se encuentran los cauces del diálogo, consenso y respeto mínimos, para no tornar odiosa la relación. Es análogo a tener diferentes visiones religiosas en el matrimonio. Es una cuestión delicada, no recomendable, casi una bomba de tiempo, pues permite prever problemas en el futuro, pero no incapacita para la relación ni la hace imposible, sólo la torna más ardua y necesitada de apoyos firmes diversos del ejercicio sexual. En resumen, los novios deben ser capaces de respetar las convicciones de su pareja y descubrir otros cauces para expresar la afectividad, y establecer las herramientas de diálogo necesarias para llegar a un acuerdo sobre el modo de vivir la sexualidad y la apertura a la vida.

¿Por qué es pecado el sexo?

"Acabo de hacer mi retiro de confirmación pero el padre no pudo explicarme por qué está mal la masturbación, el porno y tener 'agarres' con mis amigas".

Una pregunta frecuente. Lo primero que se debe tener claro es que Dios no prohíbe cosas por prohibir, por establecer un tabú, menos aún por fastidiar: "¿es lo que más te gusta?, pues te lo prohíbo, ¡te fastidias!, ja, ja, ja". Por el contrario, al ser nuestro Creador, sabe qué es lo mejor para nosotros y nos invita a elegir ese camino, en todo, incluida la sexualidad.

En el fondo está en juego el sentido de la sexualidad. No es poca cosa, pues según el sentido o significad que le otorguemos, se desprende el valor o el sentido que le damos al cuerpo y, en definit va, lo que entendemos por persona. ¿Por qué todas las culturas tienen preceptos sobre la sexualidad? Porque de la noción de sexo depende en cierto punto la de cuerpo, y de éste lo que entendemos por persona, y de esta última, cómo organizamos y estructuramos la sociedad. No es un juego banal, sino algo en lo que al fina de cuentas nos jugamos el sentido de la familia, de la sociedad y de la vida.

Dos ejemplos pueden servir. Dado que ahora se ha difundido una visión del sexo alternativa a la cristiana, la propia de la revolución sexual, que en líneas generales dice: "prohibido prohibir en todo, pero particularmente en materia sexual" o "la única regla es que no hay reglas". Es decir, todo lo que se quiera se puede, el único límite es respetar el consentimiento de la contraparte; lo único malo es violentar a la otra persona, la violación, todo lo demás es bienvenido y entre más creativo y excéntrico, mejor. Se puede todo, pero no me dice nada acerca del sentido de la sexualidad; o mejor, cada quien le da el sentido que quiera según la ocasión, o carece de él, simplemente es una experiencia.

Con este *trasfondo*, que por ósmosis ha permeado la cultura y las costumbres, es frecuente que muchos chicos y chicas no se quieran casar y no quieran tener hijos. La sexualidad se ha desvinculado de la procreación y de un proyecto de vida particular. Esto, difundido masivamente, transforma la estructura entera de la sociedad. No es una broma, ahora cuando uno pregunta: "y tú, ¿cómo te cuidas?", ya se entiende que no es "¿cómo te cuidas de los ladrones?", "¿cómo te cuidas de las enfermedades?", "¿cómo te cuidas del fisco?" sino "¿cómo te cuidas para evitar tener hijos?", "¿cómo te cuidas para no quedar embarazada?". Es decir, culturalmente se ve al hijo como un intruso, alguien que entorpece el proyecto de vida personal… y a la inversa: sólo se acepta al hijo cuando entra en el propio plan de desarrollo; se ha dejado de ver al hijo y a la capacidad de transmitir vida como un maravilloso don.

La forma en la cual uno elija vivir su sexualidad es todo menos inocua, y tiene importantes consecuencias personales, familiares y sociales. No es sólo el hecho de que "no le hago daño a nadie" o "estamos los dos –o los tres, según sea el caso– de acuerdo". Aquí prima la libertad absoluta, pero no podemos olvidar, ingenuamente, que la libertad tiene sus consecuencias; lleva aparejada una responsabilidad y nuestras decisiones estructuran nuestra vida primero, nuestro entorno familiar y social después.

No quiero dejar de relatar la anécdota prometida más arriba: hace tiempo una chica se iba a casar. Cuatro meses antes de la boda el novio sufrió un accidente y quedó paralítico. Como el novio en verdad la amaba, le dijo que rompía el compromiso, pues no quería que ella fuera enfermera toda su vida. Ella se resistió, consultó con un sacerdote, el cual la animó a tomar esa dura decisión. Años después la chica se casó con otra persona y tuvo hijos. Volvió a conversar con el sacerdote, quien le explicó:

> si en vez de haber sucedido el accidente cuatro meses antes de la boda, hubiera ocurrido cuatro meses después, mi consejo habría sido muy diferente. Te habría exhortado a cargar con esa dificultad segura de que contarías con la fortaleza que Dios te prestaría y que en ese generoso servicio sacrificad encontrarías tu felicidad, primero aquí en la tierra, y más tarde en el cielo.

En efecto, el matrimonio no es sólo un acto social, supone un cambio real en la posición de los implicados, un modo diverso de ser, firme estable, dentro del cual, naturalmente, se entiende la vivencia de la sexualidad como una actualización de la donación total entre las personas, que ya se ha verificado El sexo viene simplemente a refrendar lo que se ha hecho al contraerlo.

Como se puede observar, el matrimonio es algo muy serio, que estructura la vida, le da estabilidad y, por ello, solamente ahí encuentra su pleno sentido la sexualidad, como total donación física entre los esposos, símbolo e imagen de su entrega total como personas; totalidad que incluye su temporalidad, toda la vida, y todas sus capacidades, entre las que se encuentran ser padre o madre. Vivir la sexualidad de otro modo falsea su significad y por eso está mal y es pecado. No olvides nunca que las cosas no son malas porque sean pecado, sino al revés, son pecado por ser malas. El mal es la privación del bien debido.

¿Está mal la masturbación?

"¿Por qué está mal la masturbación? Médicos y psicólogos dicen que es normal", pregunta un chico que acaba de terminar su retiro previo a la confirmación

Comencemos al revés, es decir, no por explicar por qué está mal, sino por qué es bueno evitarla. En el fondo es porque no me quiero pelear con multitud de médicos y psicólogos que sostienen su normalidad. Una cosa es que sea normal y frecuente, otra que sea lo mejor para uno.

Lo primero es dejar claro los principios. Una vez que tengo claro el motivo de por qué algo está bien o mal, ya veré si lo hago mío, pues sigo siendo libre, nadie me puede obligar. Es decir: primero tener claras las ideas, pues para cambiar de conducta necesito tener una motivación bien fundamentada. En un segundo momento viene el intento de cambio.

Usualmente, uno se da cuenta de que no basta tener las ideas claras y querer. Lo dice la misma Escritura: "Y comprendí que nadie puede ser casto si Tú Señor no se lo das[...] Entendí que esto es un don" (*Sabiduría* 8, 21a vg.). En un tercer momento viene la oración, la petición de ayuda, acudir a Dios para suplicar fuerzas. *La oración, la caridad y los sacramentos se muestran absolutamente necesarios para coronar la meta.* No bastan las ideas claras, pero por ellas debemos comenzar, aunque sean un tanto abs-tractas o profundas.

Bien: ¿qué gano al esforzarme por evitarla? Dominio de mí mismo, control de mis tendencias y fuerza de voluntad, capacidad de integrar mi sexualidad y mis impulsos dentro de un plan más grande y racional, ca-pacidad de regir mi vida según los elevados principios a los que me invita Jesucristo. Excusas para hacerlo tengo todas, pero como diría Carlos Llano, un buen amigo, filósofo "Más vale aspirar a la excelencia y no alcanzarla, que a la mediocridad y conseguirla". La castidad y pureza son dones, y el esfuerzo sería para aceptar ese don. El dominio de uno mismo es elocuente si está encaminado a la aceptación de un don.

Ahora sí, ¿qué tiene de malo? Que no vivo la sexualidad según el plan de Dios. El sexo signific la total donación de la persona dentro del amor conyugal. *La masturbación es todo lo contrario: no hay donación, no hay alteridad.* Es poner el sexo al servicio del egoísmo. El sexo, que es un gran don de Dios al hombre para poder expresar corporalmente su amor y su donación, se pervierte y cambia de fi y de significado "La corrupción de lo mejor es lo peor". El cuerpo, a su vez, se usa como un objeto y se olvida que somos miembros de Cristo y templos del Espíritu Santo, lo convertimos en instrumento de satisfacción solitaria, pues me encierra en mí mismo. Es una vivencia sexual que no me abre a los demás, por el contrario, me recluye en mi soledad, y es expresión de mi ansiedad o desaliento.

Eso desde una perspectiva de fe. Una aproximación exclusivamente racional nos dice que la masturbación supone ordinariamente un menor dominio de uno mismo y sus tendencias; una incapacidad de integrarlas a un bien más elevado; el peligro de ser dominado por ellas y perder la libertad y el autodominio, al generar un vicio. *La masturbación es altamente adictiva, rápidamente produce un vicio muy difícil de erradicar. Lo que libremente elegí me arrebata mi libertad.* Como en todos los vicios, soy libre para masturbarme, pero rápidamente pierdo esa libertad para dejar de hacerlo. En casos patológicos, no tan infrecuentes, se vuelve algo obsesivo, que no se erradica, como ingenuamente suponen algunos, con el matrimonio, ni con la edad (por lo menos mientras es físicamente posible). Es una esclavitud muy dura la que impone y, a la postre, produce progresivamente menos satisfacción, de forma que en algunos pocos casos genera parafilia (conductas sexuales desviadas o depravadas).

Pero más que miedo a la masturbación, *hay que buscar el atractivo de la sexualidad integrada en un proyecto personal de donación y entrega:* el atractivo del dominio de uno mismo y la fuerza que suponen las distintas tendencias que poseemos, ordenadas a conseguir los fine que nos proponemos, con la razón iluminada por la fe y el ejemplo de Jesucristo. En el esfuerzo por alcanzar tan elevada meta, nos conoceremos a nosotros mismos y palparemos nuestra necesidad de Dios. La lucha por vivir la castidad va de la mano del empeño por generar altos ideales humanos, salir de nosotros mismos y servir a los demás, adquirir hábitos de la oración y frecuencia en los sacramentos, y el crecimiento de la humildad. ¡Vale la pena el esfuerzo!

Día Mundial de la Salud Sexual

En la actualidad tenemos días para celebrar casi todo, no podría faltar el Día Mundial de la Salud Sexual, que desde 2010 se conmemora cada 4 de septiembre. Quizá sea particularmente importante recordarlo ahora, pues van en aumento las ETS, y eso a pesar de toda la información que circula masivamente sobre el sexo. Si a ello añadimos la triunfalista definició de salud propuesta por la OMS: "Estado de completo bienestar físico, mental y social, y no solamente la ausencia de afecciones o enfermedades", vemos que la salud en general y la salud sexual en particular, se configu an como un ideal jamás alcanzado, pero que en el camino generan una cultura de mejora continua.

Dicha definició aplicada a la "salud sexual", implica "la posibilidad de tener relaciones sexuales placenteras y seguras, libres de coerción, discriminación o violencia". Es preciso recorrer todavía mucho camino en ese sentido, no sólo por la frecuente presencia de coacción y violencia sexual, también porque actualmente existen otras formas de presión social que constriñen la libertad y la autodeterminación de las personas. No hace mucho un estudiante universitario afirmab que se sentía discriminado por vivir la castidad, pues sus compañeros se proponían avergonzarlo por no haber tenido aún relaciones sexuales. Con frecuencia se escuchan problemas en parejas de jóvenes, en las cuales uno de ellos no quiere tener sexo, lo que suele ser motivo de discusiones. Y eso, sobra decirlo, cuando sin lugar a dudas es la conducta más segura para evitar ETS.

Ahora bien, en medio de todo ese aluvión de información sobre el sexo, se nota una dramática ausencia, una carencia fundamental: no se explica cuál es el sentido del sexo o, a lo sumo, se parte del hecho de que el hombre debe buscar siempre el máximo placer y el mínimo dolor. Está proscrito, además, hablar de la finalida procreativa del sexo: se ha consumado el divorcio entre el fi unitivo y el fi procreativo del acto conyugal, y es la satisfacción sexual la máxima aspiración de las personas, mientras que la fecundidad se configu a como lo más temido; de ahí la presión por legalizar el aborto, como forma extrema de impedirla. Obviamente la etiología de la legalización del aborto es muy compleja, pero indudablemente uno de los factores que entran en juego es convertirlo en un medio extremo de control natal.

No se ha enseñado el sentido del sexo y se ha viciado la explicación de su ejercicio. De ser la actividad que expresa corporalmente la entrega total, la donación de sí mismo, se convierte en un ejercicio cuyo propósito, casi exclusivamente, es la satisfacción personal. En lugar de abrirnos al otro, con frecuencia nos encierra en nosotros mismos, en la cárcel de nuestros deseos más vehementes. A lo más, se promueve el diálogo como medio para alcanzar un consenso sobre aquello que se desea experimentar. El único límite es el consentimiento informado, la no violencia.

La educación sexual y en consecuencia la salud parecen encontrarse en un punto ciego, en un laberinto sin salida. La cultura contemporánea no se siente capaz de señalar un sentido o una finalida objetiva para el sexo: será lo que cada quien quiera, algo absolutamente subjetivo, no puede haber un sentido vinculante en su ejercicio. La sociedad únicamente puede ofrecer herramientas técnicas para facilitarlo y, eventualmente, impedir una enfermedad o la procreación. Dicha actitud, sin embargo, implícitamente transmite un sentido: el sexo carece de finalidad de sentido, es un asunto técnico, no moral. Ello ha conducido a su banalización y a su ejercicio precoz e indiscriminado. Las "herramientas" educativas en realidad han generado una mayor incidencia de ETS y un vacío humano dentro de una de las actividades más íntimas y profundas de la persona.

No podía ser de otra forma, dado el temor que toda una civilización experimenta para hablar sobre una verdad objetiva. Pero ese silencio es ya un mensaje. El sentido del sexo está estrechamente vinculado a nuestra comprensión del cuerpo humano y a nuestra forma de entender lo que signific ser persona. La ausencia de sentido acerca de la sexualidad tiene entonces una antropología implícita: callar supone afirma que el cuerpo es algo que usamos, no tiene una finalida intrínseca, será lo que nosotros queramos que sea y, análogamente, no sabemos lo que signific ser persona, o será lo que nosotros queramos. Confundimos así –trágico error– la realidad con nuestros deseos o gustos, y ello en el ámbito educativo. Como la realidad, aunque se oculte, tarde o temprano sale a la luz, pagamos la factura con las ETS. El Día Mundial de la Salud Sexual indirectamente fomenta así la enfermedad, al no decir nada sobre el sentido del sexo.

Homofobia y derechos humanos

A causa de mis ideas en ocasiones he sido calificad de *homofóbico*. Reconozco que me interesa especialmente el tema de la homosexualidad, porque al realizar mi labor pastoral, frecuentemente he encontrado personas con esta condición, y las reacciones que han causado mis escritos me confirma en el hecho de que es un asunto de interés generalizado.

Rechazo el adjetivo homofóbico dirigido a mi persona y escritos por dos motivos: "homofóbico" es un constructo ideológico del colectivo gay, no una realidad. Soy *homofóbico* en la medida en que sería, por ejemplo, *comunistafóbico*. Se otorga un nombre de enfermedad, es decir una patología, al que disiente de ciertos postulados en torno al género, cuestionables y asumidos por algunos de manera doctrinal. Si no acepto sus postulados *ipso facto* tengo la patología. Es buena estrategia llamar enfermos a los que no piensan como yo... En segundo lugar, no soy homofóbico porque tengo buenos amigos homosexuales y he dedicado muchas horas de ministerio pastoral a escucharlos, y conozco a un buen grupo que quisieran tener una ayuda psicológica adecuada, para superar lo que para ellos es muy duro de llevar, pero no pueden por la intolerancia y dogmatismo del grupo gay beligerante. También tengo otros que no desean dejar de serlo, por sentirse satisfechos o sencillamente por considerar que no es posible y no albergar falsas esperanzas.

Disiento radicalmente de los postulados de la *ideología de género*, pero respeto a las personas que los sostienen; a veces quisiera que hicieran lo mismo conmigo, y que no me llamaran –sin motivo– violento e intolerante sencillamente porque no comparto sus ideas. Al mismo tiempo y por las mismas causas, rechazo todo género de auténtica violencia contra las personas homosexuales, así como cualquier auténtica discriminación. Por ello no comparto, y me parece lamentable, la política que Uganda ha establecido contra las personas homosexuales, al tipifica la homosexualidad como delito y desatar una cacería de brujas al fomentar que se las delate mediante los medios de comunicación. Una cosa es pensar que no es correcto –en atención a los derechos del niño– que se permita adoptar a parejas de homosexuales y lesbianas, y otra muy distinta considerar esa condición como delito y que esté penada por la ley. Entre no estar de acuerdo y perseguir existe un trecho no pequeño.

Creo que ahora es el momento de defender los auténticos derechos humanos de las personas homosexuales, que en este caso son claramente vulnerados, y no debemos contemplar impávidos que ello suceda, simplemente porque un grupo de los afectados no comulga con las ideas personales. No defenderlos, no reaccionar o mirar para otro lado sería una forma de pasiva complicidad, una triste falta de coherencia personal y de consistencia intelectual.

El caso de Uganda no es el único. Con cierta frecuencia personas homosexuales y lesbianas sufren auténtica violencia física y psicológica (subrayo la palabra "auténtica", pues muchas de ellas son "hipersensibles" y llaman "violencia" simplemente a no estar de acuerdo con ellos, lo que evidentemente es exagerado). En ocasiones incluso se ha llegado al asesinato por este triste motivo, y en ello efectivamente la sociedad debe reaccionar y "ser intolerante" con quienes así proceden. No podemos dejar de denunciar –los auténticos derechos humanos son para todos– los tristes asesinatos de *gays* como Daniel Zamudio, en Chile; Francisco Aragón y Armando Montaño, en México, o Joel Molero en Perú.

Ya es lamentable catalogar a una persona por sus "preferencias sexuales". El ser humano es algo mucho más rico que "el sexo"; sería mejor hablar, por ejemplo, de afectividad que de sexo. Nadie busca juzgar a los homosexuales porque no es nuestra misión; en todo caso hay que intentar comprenderlos y ayudarlos. Pero tampoco nadie debería impedirnos defender lo que consideramos auténtico matrimonio, familia o simplemente el derecho de los niños a tener papá y mamá. En cualquier caso, siempre se debe discutir como personas civilizadas: respetar al interlocutor, que conserva toda su dignidad como persona, y a quien nunca se debe intentar "convencer" o "castigar" por medio de la violencia. Es necesario prestar un servicio al sano debate público y denunciar lo prejuiciosa y envenenada que está la conversación en estos temas, no debería haber temas tabúes en nuestra sociedad.

Mensaje de la Marcha del Orgullo

Acaba de concluir junio "el mes del Orgullo", con su infaltable marcha, ¿qué mensaje transmiten? También podría plantearse la cuestión ¿qué mensaje desean comunicar y cuál transmiten realmente? ¿Cómo percibe ese mensaje un importante sector de la población? ¿Hay algo en la forma o en el contenido que se pueda mejorar? Vale la pena hacerse estas preguntas, visto que se trata de una tradición consolidada y, por lo menos para algunos ciudadanos, abrumadora, pues el "mensaje del Orgullo" está desde la pasta de dientes, hasta los eventos deportivos, públicos, comerciales, el cine, el teatro, etc. Realmente es una propaganda masiva en la que uno puede sentirse hostigado, o por lo menos cuestionarse, ¿por qué tanta insistencia?, ¿es el problema central de la sociedad?, ¿acaso no existen otras formas de violencia, pobreza, corrupción, maltrato de la mujer o de los niños? En fin vale la pena reflexiona sobre esta realidad.

Primero lo positivo: un sector de la sociedad que históricamente ha estado injustamente estigmatizado celebra que ya no es así. Personas, antaño condenadas a la simulación, a esconder sus auténticos sentimientos o a sentirse avergonzadas por ellos, pueden ahora salir con la frente en alto a la calle sin ningún género de complejo. Esta realidad no puede sino celebrarse, pues nunca ha sido sano vivir en la mentira, en la apariencia ni en la simulación, ni es justo discriminar a nadie o relegarlo por sus preferencias sexuales. Esto ha permeado positivamente en la sociedad, de forma que ahora, por ejemplo, los niños amanerados son respetados, se tiene sensibilidad hacia ellos, con lo que se evita el *bullying*.

Este sólo hecho constituye un progreso social, un avance en el reconocimiento de los derechos humanos, pues se trata, simplemente, de vivir la máxima ética fundamental: "no hagas a los demás lo que no quieras que te hagan a ti" o "trata a los demás como quieras que te traten a ti". Pero, comprensiblemente, podemos estar padeciendo un efecto pendular, pues una cosa es respetar lo diverso, reconocer su presencia y su papel en la sociedad –lo que resulta necesario e improrrogable– y otra muy diversa es privilegiarlo. Si se cae en esta actitud, se corre el riesgo de volver a la "nobleza", a la "aristocracia", donde se privilegia a un grupo de ciudadanos por algún factor particular: antaño la "pureza de sangre", hogaño una determinada forma de vivir la sexualidad.

Como bien señalaba un homosexual contracultural, no se debería celebrar el "orgullo de ser gay"; pues al fi y al cabo no hay ningún mérito en ello. Muchos no eligieron conscientemente serlo; se celebran en cambio los logros personales: estudios, premios, metas alcanzadas, servicios prestados a la sociedad, no un modo de vivir la sexualidad. Hay que decir también, en honor a la verdad, que muchas personas homosexuales han desempeñado un destacado papel en la sociedad, particularmente en el ámbito artístico, y merecen reconocimiento, pero, nuevamente, el reconocimiento es por sus logros, no por ser homosexuales.

Quizá el mérito que justific enarbolar el eslogan del orgullo estriba en haber sido capaces de soportar la discriminación y organizarse políticamente para combatirla. Realmente la campaña que han sabido suscitar para revertir la discriminación es realmente admirable, todo hay que reconocerlo: si antes la homosexualidad era vergonzante, ahora uno se siente inclinado a pedir disculpas por no serlo. El cambio en la sociedad ha sido de ciento ochenta grados y el mérito lo tiene, en gran medida, la estrategia comunicativa LGTB que organiza la marcha.

¿Qué se podría mejorar? En primer lugar, lo masivo de la publicidad resulta sospechoso. Da la impresión de que quieren imponer una forma de pensar. Tal avalancha mediática despierta un comprensible recelo: ¿me quieren manipular?, ¿están imponiendo una verdad a la fuerza?, ¿por qué esa insistencia? Tal campaña puede, a su vez, ser engañosa: me uno a ella no porque en realidad lo sienta de corazón, sino porque es la moda. Sumarse a la ola es una ventaja, abstenerse o, peor aún, oponerse, un suicidio social. No deseo defender o promover a los homosexuales, sino mi ventaja personal, no lo hago por convicción sino por conveniencia o, peor aún, por miedo.

En segundo lugar, la Marcha del Orgullo ha tenido un marcado tinte agresivo, violento, intolerante. Es doloroso constatar cómo, quien pide respeto y denuncia la violencia, ofende. Quien exige tolerancia, no es tolerante y se burla de los sentimientos religiosos. Quien exige libertad sexual pisotea la religiosa. La multitud de signos agresivos, groseros, blasfemos contra Jesús, la Virgen, el estado religioso, el sacerdocio, la Biblia pueden verse en las redes. Es una tremenda hipocresía que, quien lucra con el papel de "víctima" agreda impunemente la sensibilidad religiosa de la población. A ello se suma, todo hay que decirlo, la sexualización de la niñez, pues en esas marchas se ven a menores de edad marchando con personas semidesnudas en actitudes eróticas, con juguetes o botargas eróticas, como penes gigantes. Más que educar en la tolerancia se fomenta la promiscuidad.

Por último, la sociedad, si no quiere dejar de ser plural por la imposición de un pensamiento único y oficial debería reconocer también a las personas que, aun cuando respetan a los homosexuales y reconocen sus merecidos logros, no comparten la conveniencia de promover el matrimonio homosexual. No por prejuicios religiosos, sino simplemente por considerar que lo mejor para los niños es tener papá y mamá, no dos papás. Por considerar que, para satisfacer las ansias de paternidad de una pareja homosexual, se termina por comercializar a seres humanos y utilizar a mujeres como vientres de alquiler (algo análogo a la prostitución). No parece oportuno tampoco que el Estado deba promover esta forma de vida, como no promueve el cigarro, por sus altos costos para la salud pública. Las ideas anteriormente expresadas son razonables y en una sociedad razonable, civilizada y democrática no deberían constituir un tabú ni estar proscritas.

La doctrina católica sobre la homosexualidad

De acuerdo con la doctrina de la Iglesia sobre la homosexualidad, sin hacer distinción entre el grado de relevancia que existe entre las diversas declaraciones magisteriales (*Catecismo de la Iglesia*, *Encíclicas* y *Exhortaciones apostólicas* del Papa, o documentos de los diferentes dicasterios romanos), pueden asentarse las siguientes afirmaciones

La Iglesia distingue con nitidez entre la persona homosexual, que merece todo el respeto, valoración y comprensión, propia de su dignidad como hija de Dios, de los actos homosexuales, los cuales son siempre gravemente desordenados (en términos coloquiales, son pecado mortal). Debido a este desorden, reconoce en la inclinación homosexual una dura prueba para la persona que la tiene, pues es una fuerte inclinación hacia conductas inmorales. Por ello, estas personas requieren una atención pastoral más cuidada. Para superar esta dificulta requieren el apoyo de toda la comunidad eclesial, una especial atención pastoral de los ministros de la Iglesia y el empeño personal del cristiano homosexual por ser fie a las enseñanzas de Jesucristo.

Entiende la Iglesia a la homosexualidad en los bautizados como un camino especial, particularmente marcado por la Cruz, para identificars con Jesucristo. Es decir, la llamada a la santidad inscrita en el sacramento del bautismo permanece intacta en la persona con inclinación homosexual, la cual, para ser fie a ese llamado de Dios, requiere una particular atención por parte de los pastores, así como la acogida, nunca el rechazo, de la comunidad cristiana.

No es verdad que la doctrina católica fomente necesariamente las terapias reparativas en las personas homosexuales. No le corresponde a la Iglesia defini si es una enfermedad psíquica o no, si es innata o adquirida. Este campo incumbe a los especialistas de la salud. Le corresponde afirma que la persona homosexual es hija de Dios y sigue siendo llamada a vivir conforme a la doctrina de Jesucristo. La Iglesia es consciente de que tal inclinación supone una prueba difícil para quien la posee, pues le dificult mucho vivir según las enseñanzas del Evangelio.

La doctrina de la Iglesia, en suma, no es que toda persona homosexual debe intentar una terapia reparativa, pero sí que debe vivir según las enseñanzas de Jesucristo. Si no es capaz (como sucede con frecuencia) de llevar una vida heterosexual sana (dentro del matrimonio entre un hombre y una mujer, abierto a la vida), deberá entonces intentar vivir el celibato o la continencia. Para cualquiera de las dos opciones que elija –evitar los contactos sexuales o reencontrar su heterosexualidad– experimentará graves dificultades La Iglesia es consciente de ello y ofrece un apoyo especial a estas personas, para que por lo menos lo intenten, confiand en la ayuda de Dios, la cual les llega ordinariamente a través de la oración, la recepción de los sacramentos y la práctica de las obras de misericordia.

Por considerarla una inclinación desordenada, la Iglesia afirm que el Estado, en ningún caso debería promoverla, en detrimento de los mismos homosexuales, y de instituciones naturales de gran calado, como son el matrimonio y la familia. La Iglesia recuerda no sólo que es contrario a la doctrina católica y a la ley natural –es decir, independientemente del credo que se tenga o su ausencia – el legitimar el matrimonio y la consecuente adopción entre personas del mismo sexo, sino que en ningún caso le es lícito al parlamentario católico apoyar tales propuestas. Si ya están vigentes, los políticos católicos deberán, en conciencia, intentar limitar sus efectos dañinos. Análogamente, los creadores de la opinión pública no deberían promover estas legislaciones, pues desdibujan las instituciones naturales de la familia y el matrimonio, verdaderos cimientos de la sociedad, y lesionan los derechos del niño. El titular del derecho a ser adoptado por la familia más estable es el infante, por lo que este derecho no es de los padres adoptivos.

Dada la delicada situación existencial de los homosexuales, la Iglesia condena particularmente cualquier forma de violencia, burla o discriminación hacia estas personas, como contrarias a la dignidad humana y a la caridad, principal precepto cristiano. Sin embargo, alerta contra la falacia de considerar que no apoyar las pretensiones de un grupo activista es hacerle violencia o discriminar. Una cosa es no estar de acuerdo con el matrimonio y la adopción homosexual, y otra muy diferente discriminar o hacer violencia.

¿Un santo gay?

Las canonizaciones (reconocimiento oficia por parte de la Iglesia de que una persona es santa, es decir, goza ya de la visión de Dios) han conocido una notable evolución recientemente. Si san Juan Pablo II las popularizó simplificand el proceso tradicionalmente requerido para ser reconocido santo, Francisco en algunas ocasiones simplemente se lo saltó (por ejemplo, con san Juan XXIII y san Pedro Fabro, primer sacerdote jesuita). También ha dado vía libre a canonizaciones consideradas anteriormente como polémicas, tal es el caso de la de monseñor Óscar Arnulfo. Más recientemente, Francisco ha reconocido como mártires a los 21 cristianos coptos (es decir, de una confesión cristiana no católica) decapitados en las playas de Libia por el Estado islámico. ¿Cabría ir más allá?

Por otra parte, diversos temas polémicos dentro de la sociedad han ido fabricando, más o menos artificiosamente una aparente oposición radical entre el catolicismo y la comunidad gay. Cuestiones como la unión civil, el matrimonio homosexual, la adopción de niños por parte de parejas gays o lesbianas vienen a alimentar esta perspectiva. ¿Cabría diluir esta aparente confrontación? Un camino posible, donde se muestre no sólo como principio teórico, sino como realidad tangible, que las personas que tienen una inclinación sexual hacia el mismo sexo tienen un lugar y un camino dentro de la Iglesia, podría ser sin duda la canonización de algunas de ellas.

El *Catecismo de la Iglesia* hace un difícil equilibrio. Por un lado, sostiene que los actos homosexuales son intrínsecamente desordenados, mientras que por otro afirm que se debe evitar todo género de discriminación u ofensa hacia las personas homosexuales. Insiste en que tienen un camino dentro de la Iglesia que está especialmente marcado por la Cruz y por ello requieren de una particular atención pastoral. Dicha atención ya es una realidad dentro de la Iglesia. Existen bastantes grupos de apoyo, retiros, etc., que se dirigen particularmente a ellos. Sin embargo, el ruido y las dimensiones de la polémica quizá las han opacado, y han vuelto poco conocidas estas iniciativas. Pero si una persona homosexual fuera canonizada, es decir, puesta como modelo para la Iglesia universal, el aparente divorcio simplemente desaparecería y la doctrina dejaría de ser fría teoría para encarnarse en la realidad vital de alguien concreto. Eso mismo llevaría también a que muchos católicos eliminaran ese recelo latente hacia estas personas, causado muchas veces por las actitudes de confrontación, violencia o virulenta crítica con las que frecuentemente impugnan a la Iglesia.

La cuestión es delicada. No se canonizaría a una persona "por ser homosexual", sino que se declararía santa a una persona que en su vida tuvo una inclinación homosexual. Puede haberla ejercido hasta vivir una honda conversión, que le llevara a vivir el celibato o simplemente sentirla fuertemente, sin haberse dejado nunca arrastrar por ella. Declararla santa serviría también para dejar claro que una persona es mucho más que sus inclinaciones sexuales y que lo que la defin es mucho más que eso. En el caso de un santo, lo que lo defin es su amor y fidelida a Jesucristo. Amor y fidelida que son puestos a dura prueba en quien tiene esta inclinación, y es la fidelida   a la doctrina de Jesús manifestación elocuente de la fuerza de ese amor, más impetuosa que las pasiones fuertemente arraigadas.

La sugerencia de un "santo gay" está bien como hipótesis de trabajo. La cuestión clave es ¿quién? Es fundamental, pues en caso contrario puede quedar como un bello ideal prácticamente irrealizable, ante la imposibilidad de compaginar lo irreconciliable. Una tímida sugerencia podría ser Henri Nouwen, sacerdote holandés, importante escritor espiritual del siglo xx, autor del clásico *El regreso del hijo pródigo*, una meditación sobre un cuadro de Rembrandt. Pero primero habría que probar dos cosas: que fue santo y que fue *gay*. Algunos de sus amigos han manifestado que él se los confesó, sin embargo, él nunca hizo pública tal inclinación. En cualquier caso, fue célibe toda su vida y tuvo una sensibilidad particularmente delicada que –sin querer caer en ningún género de difamación– hace factible tal inclinación.

VI
Fe y ateísmo

El panorama religioso contemporáneo está fragmentado. No sólo en credos religiosos, sino en actitudes frente a la religión. La visión de Dios, de la trascendencia y de la vida son diversas en cada persona. Pero en todas late esa sed de infinit y de trascendencia, esa hambre de comunión. Ya no se pueden señalar límites geográfico o culturales a las diversas tradiciones religiosas, ya no se puede sentar sin más que el hombre es religioso. Junto a las religiones establecidas, que muchas veces han sufrido un grave descalabro moral, han surgido otras formas invertidas de religiosidad, la más marcada ahora es el ateísmo, y el agnosticismo la más difundida.

Es preciso encontrar un camino de diálogo en medio de esta vorágine espiritual de la humanidad. Las siguientes líneas surgen de diferentes diálogos de fe, de un deseo de comprender las razones de la increencia y de acercarse a las personas que ya no encuentran en la religión un interlocutor relevante para sus vidas. También constituyen un deseo de suturar las fracturas espirituales que caracterizan a nuestra civilización y que producen frecuentemente sufrimiento y desorientación espiritual en las personas.

Deben comprenderse las razones del ateísmo y acercarse a los ateos, poner el acento más en lo que tenemos en común que en lo que nos diferencia. Es necesario encontrar nuevos cauces de diálogo y acercamiento para descubrir que las raíces de las divergencias están muchas veces en malentendidos, y que todos nos beneficiamo del mutuo conocimiento y la colaboración. En cualquier caso, constituye una obra de caridad eximia mantener en los corazones el picor de la duda, encendida la llama de la búsqueda de la verdad.

A mis amigos ateos

No es mi deseo convertirlos, máxime cuando pienso que creer o no creer es una decisión libre. El acto de creer tiene una componente voluntaria, hace falta querer creer, así como querer ser ateo. En palabras de Pascal: "Hay suficient luz para los que quieren ver a Dios, y suficient oscuridad para quienes no quieren verlo". Indudablemente la fe supone oscuridad; no es evidente creer en Dios, hace falta asumir un riesgo, pero suele olvidarse que la fe también es luz: una poderosa luz que ilumina realidades humanas cotidianas e inevitables como el dolor, la muerte o el sentido de la vida; luz de la que carecen quienes no tienen fe.

La oscuridad no es exclusiva de la fe. Una persona con fe puede tener dudas, sentirse insegura de su creencia, y lo mismo le sucede al ateo: le asaltan con frecuencia las dudas, se pregunta si su creencia en la increencia, es decir, su creer que Dios no existe, es seguro, dado que no lo puede demostrar. Muchas veces se da unos pocos argumentos para convencerse de que es así, que Dios no existe, pero al poco tiempo le vuelven a asaltar las dudas sobre si tales razonamientos son definit vos y equivalen al acta de defunción de Dios. Si es un poco culto, sabe que con frecuencia se ha levantado dicha acta, la cual rápidamente se ha archivado: Marx, Nietzsche, Bakunin y un largo etcétera han dado por finiquitad el problema… y lo que ha pasado a ser una pieza de museo es su pensamiento, mientras que la realidad de Dios se muestra siempre viva (baste pensar, por ejemplo, en el impresionante recibimiento que tuvo Francisco en Estados Unidos, el país más rico y adelantado científic y tecnológicamente del mundo). Es revelador que Richard Dawkins, "el campeón del ateísmo", quien promueve una auténtica cruzada para difundirlo, en su debate con Rowan Williams concluyó que no está tan seguro de que Dios sea imposible, cabe una posibilidad pequeñita… es decir, le queda la duda.

Y ya que estamos hablando de "dudas", es muy pertinente el argumento de la duda o, mejor dicho, de la apuesta, elaborado por Pascal: "¿qué os conviene apostar, por vuestra inmortalidad y por la verdad de la religión católica o por el hecho de que no haya nada más después?… en el fondo, si después no hay nada, ¿qué habéis perdido apostando por la inmortalidad? Nada. Pero si después hay algo, al apostar por la mortalidad lo habéis perdido todo".

Lo que sucede, en mi opinión, es que el ateísmo en realidad es una forma especular de la religión. El ateo cree que no hay Dios como yo creo que sí lo hay. También él tiene que hacer un acto de fe en su inexistencia, la cual no puede probar. Tiene indicios de que no existe (no se ve), pero no seguridades, no lo puede demostrar. Le gustaría hacerlo, pero sabe que no puede, pues en caso contrario todos los creyentes seríamos tontos o ignorantes, pero históricamente su argumento carece de fundamento, pues muchas, la mayoría de personas pensantes en la humanidad han creído en Dios. El creyente tampoco puede probarlo, puede mostrar algunos motivos de credibilidad que muestran la racionalidad de la fe, puede y debe pensar mejor su fe, pero es también muy consciente de que los ateos no son tontos y sabe que se requiere un ingrediente voluntario para realizar el acto de fe.

La forma especular de la religión se muestra más claramente en las "patologías del ateísmo", análogas a las "patologías de la religión": Su carácter proselitista, las formas fuertemente intransigentes que toma constituyen una especie de integrismo o fundamentalismo ateo, paralelo al religioso. Quizá la muestra más evidente de la existencia de esta patología es la actitud de cerrar los ojos a la realidad y no aceptar, por principio, que nada bueno haya salido ni pueda salir de la religión, al tener únicamente ojos y con lentes de aumento para sus fallas o patologías, pero ignorando sistemáticamente su expresión normal y sana. De hecho, la existencia de ateos, me hace pensar que no es descabellada la afirmació de G. K. Chesterton: "Si no hubiera Dios, no habría ateos". En efecto, no hay asociaciones que "nieguen la existencia de los centauros, los pegasos y de las hadas" que no existen; en cambio existen las que niegan la existencia de "Dios", ¿no será qué Él sí existe?

Ateísmo hoy

La ausencia de religión deja un gran vacío, llenado por otro tipo de creencias subrepticias e inconfesadas. El ateísmo como forma cultural es la cara opuesta de la religión; como su negativo, en definit va –y aunque les pese a algunos– una forma de creencia con los mismos títulos de "irracionalidad" que la religión misma (siempre desde los presupuestos ateos), puesto que nadie ha podido demostrar nunca que Dios no exista y dicha afirmació siempre ha tenido el carácter de enunciado postulatorio, de primer principio y punto de partida indemostrable o convergencia de los propios reclamos tanto al mundo como a la vida.

Si bien como fenómeno de masas, el ateísmo más bien parece retroceder globalmente, no es del todo exacto afirma que se trata de un fenómeno en extinción. Adquiere, por el contrario, nuevos bríos o manifestaciones. Una muestra clara de lo anterior lo constituye el movimiento Bright, que de alguna manera aglutina a representantes de una visión cientificist y ecologista del mundo, que prefier prescindir de su hacedor, y se propone ofrecer incluso una presentación positiva del ateísmo e incluso a cambiarle de nombre.

En efecto "ateo", "irreligioso", etc., son términos que han nacido en polémica con la religión y dependen de ella semánticamente. Es necesario desembarazarse definit vamente de todo lastre religioso, y ello no puede realizarse de modo definit vo si en el mismo nombre tengo una referencia a la religión, lo trascendente y Dios. Es preciso, en consecuencia, redefinirl por sus caracteres propios, ignorar simplemente la realidad de Dios y ofrecer como positiva una explicación alternativa del mundo y la realidad que no mencione a Dios: adquirir mi identidad no por la pelea o la polémica, sino por lo que soy yo mismo, por las notas propias que me define y que bastarían para otorgarme un carácter propio e independiente.

Suena "bien", por decirlo de alguna forma, este deseo de "emanciparse" de Dios de modo pacífico Sin embargo, no ha podido hacerlo sino en forma polémica, es decir, lo que niegan con el nombre (*bright* en vez de ateo), lo confirma con los hechos, los cuales tienden a difundir en polémica con la realidad religiosa, su propia especie de "religión sin Dios". Baste pensar en la provocativa leyenda que hace unos años circuló por los autobuses públicos de Gran Bretaña y España, que rezaba: "Probablemente Dios no existe. Despreocúpate y disfruta de la vida". No se trata de un pacífic "yo pienso de esta forma, ofrezco esta explicación del mundo, que pretende tener un carácter científico y no ofrezco ningún tipo de referencia a Dios o a lo sagrado, ni polémica, ni de ninguna clase, porque me es extraña y no me hace falta". Una especie de "ignorar", de "hacer como si no existiera", por considerarlo extraño a mis propósitos e indiferente respecto de mis intereses. Simplemente ser uno lo que es y dejar a los demás seguir su camino. Pero, insisto, en la realidad no ha sido así; tiene por el contrario un carácter polémico y proselitista, un talante auténticamente misional y de confrontación.

Sin embargo, el ateísmo más generalizado es, acorde con los tiempos, *light*. Los ateísmos beligerantes propios de regímenes totalitarios o ideologías cientificista como el movimiento *bright*, son sutilmente sustituidos por ateísmos prácticos y en este sentido más sugerentes, atractivos y coherentes. Coherentes porque Dios no entra en juego en la propia vida ni en las ideas, ni para bien, ni para mal ni, por supuesto, para pelear. Tiene una connotación pacifist y tolerante. En este sentido es atractivo o, mejor dicho, cómodo. Pensar en Dios "te complica la vida", mejor no lo hagas. Ahí estriba su carácter sugerente: supone acoger el reto nietzscheano de construir un mundo auténticamente de espaldas a Dios, "a ver qué pasa". Es la ilusión de pensar que los hombres nos bastamos a nosotros mismos y no necesitamos de Él. ¿Será posible? De hecho, lo es, pero también es cierto lo que afirm Henri de Lubac en el prólogo *de El drama del humanismo ateo*: "No es verdad que el hombre, aunque parezca decirlo algunas veces, no puede organizar la tierra sin Dios. Lo cierto es que, sin Dios no puede, a fi de cuentas, más que organizarla contra el hombre".

El Búho Rojo y la Semana Santa

Tengo un grupo de amigos ateos que gustan de organizar parrilladas en Viernes Santo, como una forma de afirma su identidad atea y, en realidad, su dependencia de una tradición religiosa precedente; pero eso no les gusta reconocerlo. En líneas generales resulta interesante conversar con ellos, pues un buen número tienen alto nivel cultural, lo que suele producir una conversación amena. Siempre es enriquecedor departir con quien no piensa como uno. Suelen reunirse en un café *underground* de una zona bohemia de la ciudad llamado El Búho Rojo.

El sábado pasado tuve la oportunidad de asistir allí a una sugestiva conferencia, aderezada con un generoso café, sobre "El temor a la muerte en *De rerum naturae*, de Lucrecio". Que, resumiendo, como buen epicúreo materialista no temía a la muerte, porque "mientras estamos vivos no es problema, y una vez que morimos ya no existe el sujeto que pudiera tener ese problema". Pero lo interesante de la reunión fueron las confesiones de fe atea que algunos participantes se sintieron obligados a profesar ante la presencia de un sacerdote católico.

Dos de esas "confesiones" despertaron paralelamente mi curiosidad, hilaridad y pena. Resulta paradójico sentir tristeza y tener risa al mismo tiempo, pero así fue. Esto sólo me sucede en el El Búho Rojo, por eso lo considero un lugar especial. Una persona mayor, de entre setenta y ochenta años, confesó que era ateo desde niño porque una ocasión le rezó a la Virgen y a todos los santos para pedirles que no le propinaran una tremenda paliza, y adivinen qué pasó… La otra fue más dramática, pues no sólo fue confesión de ateísmo sino valiente testimonio de no tener miedo a la muerte.

Que alguien joven no tema a la muerte puede ser normal, fruto de la inconciencia juvenil, pero cuando un señor que afirmab tener noventa y cinco años lo dice, no deja de ser curioso, y uno no puede evitar preguntarse si será verdad o lo dirá cara a la galería, pero el discurso sea acaso diferente en las largas noches de insomnio junto a la almohada o cuando se palpan las progresivas limitaciones físicas. El caso es que este amigo se hizo ateo el día de su primera comunión, porque no alcanzó el consabido pastel y chocolate caliente, tradicionales al fina del acto religioso. Pensó que eso significab que Jesús no lo quería y por eso no existía.

El primer testimonio me hizo pensar que, en buena lógica, yo no debería ser sólo ateo sino satánico, habida cuenta la cantidad de veces que mi madre me dio en las pompis con la chancla o, por aún, mi papá con el cinturón o correa. Quizá se deba a que yo de niño no era tan inteligente y la verdad no se me ocurrió; a lo más intentaba escarmentar para que no se volviera a repetir la furiosa y agresiva tormenta sobre los glúteos.

Debo decir, en defensa de los ateos ahí presentes, que otros tienen motivos más académicos para su ateísmo, son menos existenciales. Pero esos dos, repito, no dejaron de llamarme la atención. Pensándolo bien, yo también soy ateo del dios en el que esos dos respetables ancianos no creen. Un dios semejante al "genio de la lámpara" que debe comprobar su existencia demostrándomela, concediéndome mi deseo. Una especie de dios mágico, al que acudo, como a los brujos y chamanes, para pedir un favor, y a quien no pagaré nada hasta ver los resultados. *Lo trágico de la confusión es que el dios del que se declaran ateos los dos ancianos no es el Dios cristiano, por más que lo hayan "vacado" en la primera comunión o al rezarle a la Virgen.*

¿Cuál es el Dios cristiano entonces? Precisamente el de la Semana Santa, pero que, nuevamente en forma trágica, no alcanzarán a vislumbrar, pues estarán muy ocupados aderezando las carnes el Viernes Santo, mientras con aire de superioridad compadecen a la "pobre gente" que reza el *Vía Crucis* o asiste al sermón de las Siete Palabras (o a una versión más intensa, "el sermón de las tres horas"; sí, ¡tres horas hablando el padrecito y la gente no pierde la fe!, una demostración práctica de que Dios sí existe).

¿Cuál es el Dios de la Semana Santa? El que asume, hasta sus últimas consecuencias, la misteriosa y dura experiencia humana del dolor, del fracaso, del sufrimiento. El Dios que es capaz de hacer de lo más oscuro, la luz más potente; de la muerte más horrible, el ícono de la belleza; de la condena y el abandono, la fuente de la esperanza. Jesús estaba cerca de ese niño sin pastel y de ese niño castigado, pero ellos no se dieron cuenta. Es el mismo Jesús que en la Cruz no tiene rencor ni resentimiento con quienes lo condenan, sino que ora por ellos y pide a su Padre "perdónalos, porque no saben lo que hacen". Lo mismo pido yo a Dios por mis amigos ateos, consciente de que no soy mejor que ellos, quizá es que sólo eran más listos de pequeños; pido que les dé la gracia del arrepentimiento y puedan rezar aquella maravillosa oración del último momento "acuérdate de mí cuando estés en tu reino"; mientras que para mí aplico esa otra del Angélico, "límpiame a mí, inmundo, con tu Sangre, de la que una sola gota puede liberar de todos los crímenes al mundo entero".

Sinrazones del ateísmo

Me propongo señalar algunas incongruencias que he encontrado en las apologías del ateísmo. Asistimos actualmente al surgimiento del llamado "nuevo ateísmo" que, aunque filosóficamen   parece un tanto trasnochado, mediáticamente se presenta como la última novedad, y tiene el atractivo de lo esnob, de ser contracorriente o contracultural. Las insuficiencia de este "nuevo" ateísmo, supuestamente de raigambre científica son prácticamente las mismas que las del positivismo del siglo XIX, o el neopositivismo de la primera mitad del XX; es decir, sus autores se han dado a la tarea de resucitar un muerto, filosóficamen   hablando, pero como sus principales promotores provienen del ámbito científic o periodístico, quizá, en el mejor de los casos, no se han dado cuenta de su ignorancia.

En el marco de las redes sociales ese nuevo ateísmo desea abrirse camino mediante "memes" y argumentos muy sencillos, capaces de confundir a un chico de 15 años, pero que no resisten una seria crítica intelectual. Quizá el error más evidente y frecuente provenga de lo que podríamos llamar "relativismo religioso". Al simplifica su argumento podríamos decir: "como hay muchas religiones y todas pretenden ser la verdadera, en realidad todas son falsas". Se trata de un argumento cultural: "cada quien tiene la religión propia de su cultura", "así como hablamos un idioma y pertenecemos al país en que nacimos, usualmente practicamos la religión del entorno en que vivimos". Así formulado parece convincente y lógico, ¿cuáles serían los puntos flaco de esta argumentación?

El primero sería metodológico. Mezcla, no se sabe si por ignorancia o alevosía, dos preguntas diferentes: ¿existe Dios? Y ¿cuál es la verdadera religión? Al entremezclar los argumentos que responden a las dos preguntas, confunden y empantanan la cuestión. En rigor, primero debo sentar las razones por las que juzgo que Dios no existe y, únicamente cuando haya resuelto esta cuestión, doy paso a la segunda o sencillamente decir que no tiene lugar. En efecto, si Dios no existe, no viene a cuento ninguna argumentación sobre cuál religión es la verdadera, pues resultaría evidente que todas son falsas. Como no pueden responder en forma definit va a la primera cuestión, prefiere confundir con argumentaciones propias de la segunda. Se debe responder primero a la pregunta sobre Dios, que es previa a la forma concreta que toma la fe, es decir, a la religión. Afirma la existencia de Dios, por ejemplo, personas que prefiere no adscribirse a ninguna religión concreta (Einstein, por ejemplo) y muestran con este sólo hecho que Dios y la religión son realidades distintas. Dios puede ser terreno común de multitud de religiones o de personas que carezcan de alguna.

El relativismo religioso como fundamento del ateísmo se muestra falaz también por otros motivos. Un equívoco frecuente es poner en el mismo nivel las religiones sólidamente establecidas con las formas primitivas de la religión. Es notorio, por ejemplo, cuando se compara al Dios cristiano con los dioses de pueblos antiguos a los que ya nadie da culto, o con divinidades de pueblos muy primitivos de la actualidad. Claramente nos estamos refiriend a dos fenómenos netamente distintos, estamos mezclando "la gimnasia con la magnesia", pero el apologista ateo o no se da cuenta, o provoca intencionalmente la confusión al caer en esta burda simplificación Emparentada con la anterior, se encuentra el hecho de meter en "el mismo costal" a todas las religiones. Hacerlo es, por lo menos, poco serio y riguroso. Las religiones actuales son muy diferentes entre sí: no todas tienen el concepto de Dios, no todas tienen la idea de salvación y las que la poseen la entienden de modos muy distintos. Además, el hecho de que existan multitud de religiones puede leerse de muchas formas, no sólo en clave atea (todas son falsas), sino, por ejemplo, en clave teísta: no se sabe cuál será la verdadera, pero lo que está claro es que debe haber un Dios.

La apologética católica es más rigurosa en este sentido al seguir tres pasos lógicos: primero, demostrar que hay un Dios; segundo, ofrecer razones que muestran cómo la religión cristiana parece ser la verdadera;

y tercero, mostrar cómo la religión católica puede considerarse la versión original, auténtica, del cristianismo.

Ideología y religión

¿Qué diferencia existe entre la ideología y la religión?, preguntó cierta persona durante una conferencia. ¿Por qué la ideología tiene un cariz peyorativo mientras que la religión no?, ¿puede una religión ser ideología? La verdad es que las preguntas en su propia formulación definía bastante bien lo que es una ideología: una religión inconfesada, un discurso racional que copia las formas y los esquemas religiosos subrepticiamente, sin reconocerlo, y que encierra por ello cierta incitación al engaño. Tanto la ideología como la religión tienen dogmas, la diferencia es que la religión es franca y los reconoce, mientras que la ideología los oculta. Por eso puede definirs como una forma secularizada de la religión, que muchas veces quiere ocupar su lugar, que ofrece una esperanza sucedánea de la religión y, por ello mismo, una esperanza falaz, habitualmente intramundana.

La religión tiene dogmas y su razonamiento, la teología, parte de ellos. Los dogmas se aceptan por fe. Uno tiene fe, por ejemplo, en que Jesucristo es Dios y Hombre. No lo puede demostrar, sencillamente lo cree, y ése es el punto de partida del discurso teológico, el cual muestra cómo no es absurdo, cómo es congruente, conveniente, qué consecuencias se desprenden de ese hecho, cómo afecta a nuestra vida, a nuestra cultura, etcétera.

La ideología, por su parte, también tiene dogmas, pero no es honesta, no los reconoce y se muestra coómo un discurso puramente racional, como pensamiento puro, sin postulados de partida, como una aproximación exclusivamente filosófi a la realidad. Esta falta de honestidad intelectual revela una ausencia grave, el carecer de un auténtico amor a la verdad. La ideología no es humilde, no desea la verdad, quiere en cambio manipular la realidad para que se acomode a sus esquemas preestablecidos, a sus postulados. Por eso hace violencia a la realidad: si la realidad no coincide con ella, peor para ella, se la presenta del modo adecuado para que coincida, en lugar de reformular el propio punto de partida, como exigiría una auténtica búsqueda de la verdad.

Presento algunos ejemplos de dogmas no reconocidos que sirven como punto de partida de las diversas ideologías, postulados en los que en realidad creen sin admitirlo:

Ilustración: parte de la confianz ciega en que únicamente el progreso del hombre y la capacidad de su razón le proporcionarán la felicidad. La razón progresa siempre linealmente y excluye por principio todo elemento externo de corte sobrenatural, por no necesitarlo. Sólo la razón humana basta para construir el paraíso aquí en la Tierra.

Cienti cismo: únicamente la ciencia proporciona un conocimiento válido y adecuado de la realidad. La única racionalidad reconocida es la cientí ca, todo conocimiento que no sea ciencia carece de valor, no es auténtico conocimiento, sino un engaño.

Positivismo: emparentado con el anterior extremo, sólo reconoce como auténticos y verdaderos los conocimientos adquiridos mediante la experimentación, los cuales deben ser verificable empíricamente. Paradójicamente, este último postulado no es verificable

Evolucionismo: toma un determinado aspecto de la ciencia, en este caso la evolución biológica y la convierte en metafísica, es decir, en la ciencia última de la realidad. Se extrapolan las consecuencias legítimas de la evolución y se extienden abusivamente a todos los ámbitos de la realidad: la ética, la religión, el arte serían también resultado del proceso evolutivo y se explicarían únicamente por evolución.

Es propio de la ideología pretender ser la explicación última de la realidad y extender las consecuencias de un determinado saber más allá de su ámbito propio. Es lo que Aristóteles llama apaideusía, es decir, falta de educación, por ignorar los límites inherentes del propio campo de conocimiento. Este deseo de ser la explicación última de la realidad revela su emulación del fenómeno religioso, cuyas explicaciones últimas de la realidad obtiene por revelación divina.

Reflexione sobre una ética atea

Algunas preguntas que frecuentemente me inquietan son éstas: ¿Necesitamos a Dios para ser éticos? ¿Puede fundamentarse una ética en el ateísmo? ¿El ateísmo es capaz de sostener una ética que contribuya al auténtico florecimient y desarrollo humano? Antes de esbozar una breve respuesta a tales interrogantes, es preciso distinguir dos niveles: el de los principios y el de las personas. No son totalmente independientes y al fina lo que cuentan son las personas, los principios están en función de ellas y valen en la medida en que les ayuden, en este caso, a comportarse moralmente. Pero, por contrapartida, la ventaja del principio es que ofrece estabilidad, un marco que garantice la continuidad en el tiempo, merced a la coherencia doctrinal. El principio ilumina a muchas personas, les sirve de punto de referencia y para explicar con fundamento los móviles de su actuación. La persona puede obrar bien por accidente o por ser una singularidad muy especial, pero carece de la universalidad que da el principio, o lo hace sólo para imitarse.

Existe una ley natural inscrita en el corazón humano, previa a cualquier concreción religiosa y, en consecuencia, las convicciones religiosas son independientes de ella, en todo caso reforzarán o entorpecerán su percepción. Las condiciones ambientales pueden ayudar a descubrir dicha ley con mayor o menor nitidez. El ambiente cuenta mucho para su desarrollo, pues la ley natural es descubierta con nuestra razón. Si nuestra razón está envenenada, se oscurece la percepción de esa ley. La religión puede ayudar o entorpecer dicho proceso: si me enseña a amar a mis enemigos, me ayuda; si me enseña a odiar lo diferente, lo entorpece.

Todos sabemos que puede haber ateos ejemplares y creyentes lamentables. Pero la disposición a darse y al sacri cio es más normal en un creyente (lo reconoce el connotado ateo, Paolo Flores d'Arcais, durante un debate con Ratzinger, en el año 2000). De hecho, como ha señalado Ernst Wolfgang Böckenförde, "el Estado liberal secularizado vive de principios que no es capaz de garantizar por sí mismo", diríamos: vive de principios judeocristianos, y al secar la raíz de tales principios, no puede garantizar su supervivencia, es decir, los ha recibido y no puede a su vez asegurarlos. De hecho, es lo que vemos. Al quitar a Dios de su lugar coloco al hombre, pero al hombre convertido en ídolo. Le damos culto al individualismo y una colectividad de egoísmos mal va a construir una sociedad.

Los ateos pueden decir que no necesitan de los principios cristianos, pero en realidad van a tomar algunos de estos principios para hacer un pastiche moral al gusto, con lo cual, esa ética no tiene futuro. La desintegración moral a la que conduce la ausencia de Dios resulta patente: libertinaje, disolución social, reinvención de instituciones naturales, sumisión a ideologías altamente tóxicas impuestas propagandísticamente. Resulta ilustrativo que uno de los grandes pensadores éticos de la actualidad (Peter Singer) haya sugerido felizmente que nos esterilizáramos todos para ser "la última generación sobre la Tierra". De esta forma, no dañamos los derechos de nadie, pues todavía no existen, se preserva la naturaleza de la devastación humana y podemos "¡estar de fiest hasta la extinción!". Y ¿cuál es el motivo que aconseja semejante medida? Que el hombre destruye la naturaleza y que no está nada claro que la vida humana sea un bien, más bien todo lo contrario.

Por eso, el único ateo clarividente, el que ha llevado las consecuencias del ateísmo hasta el final es Nietzsche, quien se burlaba de los otros "ateísmos", pues descansaban, cómoda e inconscientemente, en la herencia platónico-cristiana. Si no hay Dios, no hay arriba ni abajo, no hay punto de referencia, no hay moral, nosotros la creamos. La moral es de quien es capaz de imponerla, del más fuerte. Nietzsche se compagina estupendamente con la "ética evolucionista", –"científica" según algunos– en la cual, precisamente, "no hay moral"". El universo evolucionista es devastadoramente indiferente. No hay bien ni mal, sólo buenas o malas estrategias reproductivas, y son privilegiados los individuos, las culturas o los pueblos más aptos: la ley del más fuerte.

Una ética atea

Ética y religión, ¿se necesitan?, ¿son complementarias?, ¿se excluyen?, ¿tienen objetivos diversos? Existe en la actualidad un fuerte movimiento "humanista" que propugna una "ética laica", que entiende en realidad la laicidad como sinónimo de ateísmo, de forma que la pregunta es, ¿puede existir una ética atea?

La cuestión no deja de ser sugestiva y no admite una respuesta fácil y rápida. Precisa además de delimitar convenientemente el tema y el modo de abordarlo. Es decir, si se trata de una discusión teórica, de principios, o si por el contrario se desea elaborar un análisis histórico. Adelanto sin embargo la conclusión, consciente de que puede ser polémica: considero que sí puede existir una ética atea, de hecho han existido y existen, pero también que es considerablemente inferior a una ética cristiana (no religiosa en general, sino cristiana).

Puede decirse que existen tantas éticas cuantas formas de ver el mundo y entender la vida. Son la respuesta práctica de cómo se entiende el hombre a sí mismo y al entorno que lo rodea. Dentro de este aspecto, mucho depende si acepto la idea de un Dios personal detrás de mi vida y el mundo o no, pues en caso positivo, tengo un punto de referencia trascendente, que me permite entender mis parámetros morales como objetivos, es decir, no arbitrarios o caprichosos.

La cuestión suele estancarse cuando hablamos de individuos. Nótese que hasta ahora hablo de ética, es decir, de un conocimiento práctico, no de personas concretas. De hecho, es obvio, existen ateos encantadores y personas religiosas odiosas; ateos morales y coherentes, junto con personas religiosas hipócritas e incoherentes, pero ése no es el núcleo de la cuestión. En este aspecto cada hombre debería esforzarse por ser ético; de ese esfuerzo personal ninguna teoría nos dispensa. Únicamente entonces la cuestión es determinar cuál es la mejor para mí, la que me permite alcanzar una auténtica vida lograda, es decir, la que permite integrar todas las cuestiones existenciales en juego.

Y aquí comienzan las desavenencias. Una ética atea por principio prescinde de lo sobrenatural (no tenemos pruebas evidentes de que exista) y, por tanto, su horizonte es mucho más estrecho: parte del postulado (que tampoco puede probar) de que únicamente existe esta vida. Lo anterior no tiene por qué ser necesariamente negativo. De hecho, existe mucho "ateo práctico" que parte de este principio: sólo tenemos una vida, hay que vivirla lo más intensamente posible, y no pensar neciamente en el "más allá". El camino que queda para establecer esta ética es el del consenso, ponernos todos de acuerdo. Pero esto último, ¿no es quizá utópico?, ¿no existen posturas irreconciliables entre las diferentes formas de ver la vida?, ¿dónde establecer un mínimo común? No es una teoría, es lo que sucede con frecuencia al abandonarse el modelo cristiano de la sociedad, para establecer qué es, por ejemplo, la "moralidad pública", si es que existe alguna.

¿Cuál es el atractivo de la ética atea? Pues que depende en última instancia de mí. No hay ninguna autoridad o principio externo que me determine qué es y qué no es lo correcto. Ahí también reside su debilidad, pues los límites de lo correcto para mí, pueden ser distintos para el vecino, y en ocasiones las perspectivas terminan siendo irreconciliables.

¿Y la ética cristiana no sacrifica la vida real presente por una hipotética vida futura? En realidad no. Toma en cuenta la vida futura y aspira a ella al constatar la limitación inherente a la vida presente, pero termina por ser más realista y más elevada moralmente que su contraparte. Realista porque es capaz de integrar con sentido y ofrecer respuestas para dilemas morales difíciles de resolver desde la perspectiva atea; por ejemplo, cuando la decisión ética que tome suponga un sacrificio y una renuncia para mí en función del bien de otro, o de la sociedad, o cuando deba hacer frentes a situaciones de dolor y sufrimiento, y ofrecer en estos casos una esperanza consistente y no eludirlos cobardemente (lo que lleva a la eutanasia y a la eugenesia). Más elevada porque en la historia de la humanidad todavía no han sido superadas moralmente las bienaventuranzas, el amar a los enemigos, el perdonar setenta veces siete, etc. Otra cosa es que lo vivamos, pero de nuevo, ése es otro problema, basta por el momento que tengamos claro cuál es el fi y aspiremos a alcanzarlo.

Estado, ¿laico o ateo?

Existe una diferencia, no demasiado sutil, entre estos dos extremos: ateísmo o laicidad. Con frecuencia, desgraciadamente, quienes defiende al *Estado laico* en realidad promueven un *Estado ateo*; muchas personas se dejan llevar por la confusión, puesto que efectivamente un Estado laico es deseable, sin embargo, el ateo es perjudicial. Quizá por eso caen en la confusión quienes enarbolan la bandera del "pseudo-Estado laico" y que inducen a la ambigüedad terminológica para colar arteramente sus propios prejuicios ideológicos. Subrayo lo de "quizá" porque del interior de las personas no es posible juzgar, no se puede saber con exactitud cuáles son sus intenciones, no sabemos si deliberadamente inducen al error o si en verdad son ellos los confundidos.

La laicidad es una nota positiva que, en lo que se refier a la organización política, puede describirse sencillamente con dos características: la no injerencia del estado en asuntos religiosos por considerarse incompetente al respecto, y en la valoración positiva de las realidades humanas seculares, con respeto a la legítima autonomía que les conviene respecto del ordenamiento religioso. Un Estado "no-laico" sería aquel que supeditara esa legítima autonomía a una previa legitimación por parte de la autoridad religiosa, o que las hiciera depender de esta misma autoridad, o que las valorara exclusivamente si cooperasen con los fine que se propone el estrato clerical de una sociedad.

Como es evidente, en el contexto contemporáneo no es deseable un Estado "no-laico"; no es conforme a la modernidad, ni a los auténticos derechos humanos. Basta ver el ejemplo de tantos países islámicos que encuentran gravísimas dificultade para convertirse en Estados modernos precisamente por eso, porque no son capaces generalmente de separar el orden civil del religioso. Esto último no es extraño, al fi y al cabo, es el cristianismo quien enseña a "dar al César lo que es del César y a Dios lo que es de Dios", es decir, a distinguir sin oponer.

El "Estado ateo" en cambio, atrae con la apariencia de la "laicidad", es decir, del legítimo respeto de la autonomía de las realidades seculares respecto de la esfera religiosa, así como su valoración positiva; sin embargo, va un paso más allá, pues no se conforma con distinguir los ámbitos, sino que los opone. En el "Estado ateo" la lectura del fenómeno religioso se da en clave dialéctica, de oposición y enfrentamiento.

Desde esa perspectiva, cualquier concesión que se le otorgue a lo religioso supone una pérdida de lo supuestamente "laico", que en realidad es ateo. Por ello, a diferencia de la auténtica laicidad del Estado, que se autojuzga incompetente en el ámbito religioso, el Estado ateo en cambio no se valora así, sino que, por el contrario, juzga negativamente cualquier elemento religioso, al que considera como antagonista: a más religión, menos laicidad; cuando en realidad no se trata de fuerzas opuestas, sino paralelas. Por tanto, no se limita a "vivir y dejar vivir", sino que desea controlar, pero va mucho más allá de la normal regulación que implica la moralidad y el orden público, pues se convierte en una regulación que es limitación y que pone trabas a la natural libertad religiosa del individuo.

El Estado ateo entonces no es neutral, no se considera incompetente en asuntos religiosos, sino que, si no en los postulados sí en los hechos, aspira conscientemente limitar toda manifestación religiosa por considerarla nociva. Un ejemplo claro es la oposición a las manifestaciones públicas de la fe, que le incomodan sobremanera y que, si las "permite", como graciosa concesión, en realidad las "tolera", de forma que impone arbitrariamente onerosas limitaciones y exigencias.

En contra de los postulados de la sana laicidad, es decir, la incompetencia en estos temas, se vuelve un Estado "no-laico", porque se juzga competente y desea imponer un tipo de sociedad que excluya a Dios y a lo religioso como modelo ideal. Es decir, como sucede siempre con el ateísmo, se trata de una religiosidad invertida: el Estado pseudo-laico (en que tantas veces vivimos) fomenta una forma particular de religiosidad, el ateísmo, en lugar de no entrometerse en este tipo de problemas, por ser ajenos a su misión. Esperemos que la sociedad y los políticos se den cuenta progresivamente de esta sutil intromisión, que limita los derechos fundamentales del ciudadano y atenta contra la sana laicidad de la sociedad.

El Papa, los católicos y la política

Francisco ha sido muy claro: para un católico la política "es un martirio", pero al mismo tiempo los católicos "deben involucrarse ahí, aunque se ensucien un poco". En otras palabras, señala con agudeza y espontaneidad –pues fueron palabras improvisadas– la gravedad de los "pecados de omisión"; es decir, las cosas que Dios esperaba que hiciéramos y no hicimos para "no ensuciarnos las manos". En el fondo se trata de una invitación a preocuparse menos por estar puros e íntegros y más por comprometernos decididamente en mejorar el mundo (sin que sean cosas contrapuestas obviamente). Ésa es la vocación de los seglares: ordenar los asuntos temporales según Dios.

Ahora bien, no se trata en la perspectiva papal, ni por supuesto en la doctrina católica, de caer en una teocracia o, peor aún, en el clericalismo, entendido como desorden del estrato clerical por el cual se inmiscuye en asuntos que no son de su incumbencia. No es misión del clero, ni es misión de la Iglesia dedicarse a la política. Su misión es mucho más alta: "La Iglesia es la comunidad de cristianos que adora al Padre, va en la senda del Hijo y recibe el don del Espíritu Santo. No es un partido político", ha dicho el Papa.

La cuestión es más simple, se trata de comprometerse con sentido de responsabilidad: "Yo, católico, ¿miro desde el balcón? ¡No se puede mirar desde el balcón! ¡Involúcrate ahí! Da lo mejor, el Señor te llama a esa vocación, haz política: te hará sufrir, por ahí te hará pecar, pero el Señor está contigo. Pide perdón y sigue adelante". Todos los laicos deberían participar activamente en esa gran labor de construir una sociedad más humana. Algunos de ellos, por vocación, deberán hacerlo en la política; pero al hacerlo no deberán olvidar que son católicos –peligro bastante frecuente– ya sea por cobardía o por fragilidad en sus principios. No quiere decir esto que no son libres o que siguen dictámenes de la jerarquía, o que actúan como mandados y sin espontaneidad. Signific simplemente que tienen una identidad bien definida de la cual no deberían avergonzarse, pues supone un tesoro, una valiosa aportación a la sociedad.

El camino no es fundar un "partido católico", es decir, hacer un *ghetto* de católicos, lo que supone aislarse, distinguirse. Ni teocracia ni grumo aislado dentro del tejido social. La solución es diferente: tener la preocupación de participar libre y espontáneamente en la vida social, y si es posible, en la política. "Pero ¿un católico puede hacer política? ¡Debe! Pero ¿un católico puede involucrarse en política? ¡Debe!". Es decir, debe participar, tener capacidad de compromiso, saber transmitir e impregnar con sus ideales a la sociedad.

No en vano recordó a san Pablo VI cuando afirmab que "la política es una de las formas más altas de la caridad, porque busca el bien común". De hecho, y lo vemos cotidianamente, mucho depende de las decisiones políticas: la defensa de la vida, la forma que adquiere la familia, la educación, los valores que se promueven en la sociedad, etc. Por ello es criminal abstenerse, con la excusa quizá de que "todo está corrompido". Francisco sale al encuentro de este ardid: "Pero, padre, hacer política no es fácil, porque en este mundo corrupto[...] finalment no puedes salir adelante[...] ¿Qué me quieres decir, que hacer política es un poco un martirio? Sí. Eh, sí: es una forma de martirio".

Volvió a recordar que la política es también camino de santidad –¡cómo olvidar a santo Tomás Moro!–, "se puede ser santo haciendo política". En efecto, no es fácil hacer frente, con visión sobrenatural a "la cruz de tantos fracasos", o ser testigo de "tantos pecados". En definit va, el Papa es realista y se da perfectamente cuenta de que es difícil influi positivamente en la sociedad "sin ensuciarse un poco las manos y el corazón". Pero ello no debería retraernos; el camino del cristiano no es de hipocresía o de doble vida, sino de conversión continua, de un comenzar y recomenzar, confiado en la Palabra de Dios, que nos haga "inasequibles al desaliento" (en palabras de san Josemaría). Francisco insiste: "por esto debes ir a pedir perdón, y que no te desanime", es decir, una buena confesión y a tirar para adelante, a seguir arrimando el hombro, con hambres de cargar con el peso de la sociedad, la cultura, la civilización.

La coherencia de los políticos católicos

Un texto magisterial olvidado, que cobra una palpitante actualidad es la "Nota doctrinal sobre algunas cuestiones relativas al compromiso y la conducta de los católicos en la vida política", del 24-XI-2002, publicado por la Congregación para la Doctrina de la Fe. En este interesante y breve documento se exhorta a los políticos católicos a realizar su actividad conforme a sus principios morales y religiosos, en armonía con su fe y no de espaldas a ella. En efecto, está muy difundida la idea de que una cosa son las convicciones personales y otra muy diversa las actuaciones políticas o públicas. De facto se legitima un divorcio entre fe y vida. El problema es mucho más hondo, pues no se trata sólo de ese divorcio –que podría ser comprensible, por ejemplo, por la debilidad humana–, sino que se propone como modelo, es decir, se ensalza a quienes prescinden de sus principios morales y religiosos a la hora de tomar decisiones políticas como un signo de responsabilidad, madurez, imparcialidad y servicio a la sociedad.

Es frecuente escuchar a políticos que afirman como si fuera lo correcto: "que no confunden sus principios religiosos con su actuación pública". En realidad, se trata de una falacia o un error conceptual. Es verdad que las esferas pública y religiosa son distintas, ello puede considerarse una conquista del cristianismo, del "dad al César lo que es del César y a Dios lo que es de Dios" (*Lucas* 20, 25). Lo público no está sometido a lo religioso. La correcta laicidad defiend la autonomía del orden civil frente a su abusiva invasión promovida por el clericalismo, entendido éste como la injusta injerencia del estrato clerical en la vida política:

> Para la doctrina moral católica, la laicidad, entendida como autonomía de la esfera civil y política de la esfera religiosa y eclesiástica –*nunca de la esfera moral*–, es un valor adquirido y reconocido por la Iglesia, y pertenece al patrimonio de civilización alcanzado" (n. 6).

Una cosa es que la Iglesia no deba dirigir los destinos políticos de un país, pues ésa no es su misión, y otra muy diferente es que, para participar en la vida pública de su pueblo, el político deba prescindir de sus principios religiosos o morales. De hecho, frecuentemente se induce al error al electorado, pues a la hora de elegir, las personas se fijan entre otras cosas, en los principios, valores e ideario del candidato. Si esa persona carece de ellos, o son cambiantes según soplen los vientos de la fortuna, se induce al engaño del electorado y se crea una incertidumbre política.

Ante la difusión errónea de esta "doble vida", de esta esquizofrenia moral o ruptura entre los principios morales para andar por casa y las decisiones públicas de las que deberían los políticos dar razón en la sociedad, la Iglesia no puede permanecer callada o indiferente. Significarí avalar que vivir con doblez es una exigencia indispensable para cualquier empleado público que, en lugar de responder a su conciencia, debería responder a los deseos "del pueblo". A parte de que esos deseos son lo suficientement genéricos como para no saber exactamente qué significa   y son en realidad, tantas veces, resultado de lo que otros le imponen "al pueblo"; usualmente pequeños grupos de poder que manipulan los medios de comunicación a su antojo y dictan "al pueblo" lo que debe hacer y pensar.

En realidad, es la coartada perfecta para dar cabida a personas sin escrúpulos y sin principios morales en la dirección de la sociedad. Políticos que promueven en la sociedad lo que no permitirían en su hogar, ¿por qué? En el fondo, porque en lugar de servir a la sociedad, se proponen mantenerse en el poder, aunque el costo de ello sea prescindir de sus principios morales. Si adquiere carta de ciudadanía tal conducta, como está dramáticamente sucediendo entre tantos políticos católicos que aprueban leyes contrarias a los principios de la Iglesia, de hecho, lo que tenemos es a personas sin principios morales claros en el poder, cuyos santos patronos podrían ser Maquiavelo, Fouché o Talleyrand. Establecer este modo de proceder como el correcto es consagrar la ausencia de principios en la política, sellar el divorcio entre política y moral, sacrifica los valores en el pragmático altar de la utilidad. Si lo hacemos conscientemente no tenemos derecho después de quejarnos ante las dolorosas consecuencias que estamos viviendo, las cuales denotan una aguda ausencia de valores y principios morales en el seno de la sociedad.

Evolución y ateísmo

Muchas personas consideran todavía que la teoría de la Evolución no deja espacio para un Creador, para Dios, de forma que no habría otra actitud coherente con los resultados científico que la de sumarse al ateísmo. Dicha opinión viene avalada también por hábiles divulgadores del conocimiento científico como Richard Dawkins, Daniel Dennett, Peter Atkins, y un largo etc. Sin embargo, pese a este funesto coro del ateísmo, cabe sostener precisamente lo contrario, entre otras cosas porque no se trata de un "resultado científico" sino de una interpretación filosófi de algunos datos científicos lo que no es lo mismo. Es decir, es posible distinguir entre la teoría científic de la Evolución, la cual no afirm ni niega nada respecto de la existencia de Dios, y el Evolucionismo, o determinada interpretación filos - fic de dicha teoría, caracterizada por ser materialista y atea.

Pero claro, como el firmant es sacerdote, podría parecer una posición poco imparcial, cuando no tendenciosa. Por ello prefier dejar que hablen quienes pueden considerarse como los tres padres de los tres diferentes estadios de la teoría evolutiva, es decir, los tres científico especialistas en la evolución más importantes de la historia. De esta forma conjuro cualquier sospecha de manipulación clerical.

El primero, obviamente, es el papá de la Teoría, Charles Darwin (*El origen de las especies*, 1859). Muchos afirman que él definitivamente eliminó a Dios del mundo, pero veamos que nos dice al final de su primera edición, es decir, el origen de esta teoría y de todas sus polémicas antirreligiosas: "Hay grandeza en esta concepción de que la vida, con sus diferentes facultades, fue originariamente alentada por el Creador en unas cuantas formas o en una sola". Como se ve, no excluye a Dios de su teoría. Por si quedara alguna duda, afirma en otro sitio:

> Jamás he negado la existencia de Dios. Pienso que la teoría de la evolución es totalmente compatible con la fe en Dios. El argumento máximo de la existencia de Dios me parece que es la imposibilidad de demostrar que el Universo inmenso, sublime sobre toda medida, y el propio hombre hayan sido frutos del azar.

Dejemos pasar los años. Al final de los años 30 del siglo xx se da el maridaje entre evolución y genética que dará lugar a la Teoría Sintética de la Evolución. Dicha teoría le proporcionará un segundo aire a la teoría darwiniana y vendrá a ser su complemento necesario. Es obra de diversos investigadores, pero el primero cronológicamente en publicar una monografía al respecto es Theodosius Dobzhansky (*Genetics and the origin of species*, 1937). Científico y a la vez cristiano ortodoxo practicante, afirmaba: "No veo cómo escapar a la idea de que Dios actúa no sólo en rachas de intervenciones milagrosas, sino en todos los acontecimientos importantes e insignificantes espectaculares y ordinarios". Obviamente, no encontraba ninguna oposición, todo lo contrario, entre la teoría evolutiva por él desarrollada y la idea de Dios.

Más recientemente, el fundador de lo que podríamos llamar la 3a. escuela evolucionista, la teoría del Equilibrio Puntuado, Stephen J. Gould (*La estructura de la teoría de la Evolución*, 2002), uno de los más importantes especialistas en la Evolución de la segunda mitad del siglo XX, agnóstico, se toma la molestia de escribir un libro cuyo título lo dice todo: *Ciencia versus religión: un falso conflicto*. Publicada en el año 2000, sostiene la teoría de "los magisterios no superpuestos", es decir, que la ciencia responde a un cierto tipo de interrogantes, mientras que la religión atiende a otro tipo de cuestiones. Que lo diga quien probablemente es el especialista en la teoría de la Evolución más connotado de los últimos tiempos, que además se define como agnóstico, tiene un particular peso; es decir, no se trata del Papa defendiéndose desesperadamente de los ataques científicos

Como se puede observar en este rápido repaso: Religión o teísmo 3, ateísmo o materialismo 0. No es exacto afirma que la Evolución excluye a Dios, por lo menos en las palabras de los 3 evolucionistas más connotados. Cabe decir también que, en opinión de un número cada vez mayor de biólogos moleculares, parece ser que estamos en los umbrales de un cambio de paradigma, es decir, de superar la teoría evolutiva como explicación última de la vida en el ámbito biológico. El paradigma religioso en cambio permanece estable, cuando no, al alza…

La polémica del cadáver

Hace cierto tiempo en la universidad donde trabajaba (Universidad de Piura, campus Lima) obtuvimos dos cuerpos humanos para las clases de anatomía. No es sencillo conseguir cadáveres y, una vez obtenidos, es preciso realizar todo un delicado y laborioso proceso de preparación y conservación para que los alumnos puedan acceder a ellos. Punto fina de ese proceso fue la bendición de los cuerpos, actividad que como capellán me fue encomendada.

En realidad, la bendición fue "apurada" por el personal de seguridad y de limpieza, a quienes inquietaba que estuvieran los muertos ahí y, según la creencia popular, les preocupaba que comenzaran a "penar". Dicho con sencillez, les daba miedo. Personalmente los animé a no tener miedo a nada porque estamos en manos de Dios, o, en todo caso, a los vivos, no a los pobres difuntos que en paz descansan. Pero accedí a su petición, la bendición de los cuerpos coincidió con el nal de los preparativos médicos para poder comenzar a trabajar con ellos. Invitamos a los alumnos de primer año de medicina, que ya trabajan con cadáveres.

Después, el Departamento de Comunicación elaboró un video para mostrar su labor con cadáveres y de su respeto por quienes otrora fueran personas humanas. El cuidado, respeto y delicadeza referidos al cadáver son manifestación del respeto a la dignidad humana. Si en este caso se "utilizan", es sencillamente porque se ponen al servicio del conocimiento, con la finalida de salvar vidas y, sobre todo, porque ya no son personas.

Para sorpresa mía, de los del Departamento de Comunicaciones y de la Escuela de Medicina, el video se hizo viral; tuvo más de 64 mil visitas, se replicó más de mil veces y tuvo centenares de comentarios. En esos comentarios podía verse la colisión entre tres tradiciones culturales diferentes y, por ende, constituyen un interesante reflej de la sociedad en la que vivimos y el vertiginoso cambio que experimenta.

En primer lugar, estaban los consabidos comentarios positivos: "Bien, ¡maravilloso!, la universidad promueve valores y respeto". Obviamente, alumnos y profesores de otras escuelas de medicina no se iban a quedar atrás y replicaban que en sus universidades también se respetaba a los cadáveres, no se los tomaba a juego, etcétera. Pero había también un grupo crítico, representante de una tradición diversa, que reaccionaba negativamente al video: "qué tiene que hacer un cura en un laboratorio, ¿estamos en el siglo 16?", "estorba el sacerdote en el laboratorio, ¿todavía no se han enterado de que ciencia y religión están peleadas?". Es decir, los que tienen una visión negativa de la dimensión religiosa, espiritual y del sacerdocio, así como aquellos que aún creen en el mito de la oposición entre ciencia y fe se hacían presentes.

Pero aún más "tribus urbanas" hicieron acto de presencia y dejaron su comentario –que, no sobra decirlo, agradecimos, pues finalment es publicidad– las cuales no estaban tan polarizadas contra la religión; es decir, no eran un movimiento dependiente y residual del fenómeno religioso, sino que suponen un paso adelante, de mayor madurez e independencia intelectual. En efecto, por esa línea iban defensores de la libertad y el respeto, que nada tenían contra lo religioso: "¿por qué se bendicen los cadáveres?, ¿y si el difunto era budista o no lo hubiera deseado?, ¿no se le está imponiendo a la fuerza una práctica religiosa a un cadáver que no sabemos cuál religión profesó?". En el fondo, más que ir en contra de las manifestaciones religiosas, estos comentarios promovían el respeto a la autodeterminación de las personas. Al no poder saber con certeza la religión practicada en vida por el difunto, lo mejor, a su criterio, era no hacer nada.

Según el último censo, el difunto tenía más de tres cuartas partes de posibilidades de ser católico y un noventa por ciento de ser cristiano. Difícilmente hubiera sido budista, como ponía el comentarista de YouTube. Pero su opinión nos coloca frente a una línea de pensamiento que no considera en sí misma a la religión como algo valioso, y en la que prevalece un respeto absoluto a la libertad y autodeterminación. Es un choque de cosmovisiones, pues la perspectiva católica obviamente respeta la libertad; de ahí la tomó el paladín de ésta inconscientemente, pero también reconoce el carácter real y objetivo de lo sobrenatural. En consecuencia, independientemente de la religión que haya practicado, la bendición le supondrá un bien al alma del cadáver, al lugar donde se trabaja con él y a los estudiantes y trabajadores que lo manipulen.

Silencio, de Scorsese

La reciente película, *Silencio,* de Martin Socorsese ha dado mucho de qué hablar. Existen todo tipo de opiniones: desde las críticas, como la de Robert Barron, obispo auxiliar de Los Ángeles, de perfi intelectual, hasta las elogiosas, como la de Juan Manuel de Prada, publicada en *L'Osservatore Romano,* el periódico de la Santa Sede. Todas reconocen la calidad artística de la obra, muchas de esas opiniones han sido realizadas por católicos.

La película es una obra de arte y, como tal, está viva y abierta a múltiples interpretaciones. No se puede, en consecuencia, dar por zanjada la cuestión. Es de agradecer que vuelvan a recogerse temas profundamente cristianos en la gran pantalla, pues recientemente sólo se llevaban al cine escándalos eclesiásticos o ficcione críticas respecto de la Iglesia. *Silencio* trae a la memoria la epopeya de los Kakure Kirishitan (cristianos ocultos) y la sangrienta persecución religiosa acaecida en Japón durante el siglo XVII. Es decir, se trata de un film donde los cristianos son buenos, inocentes, heroicos en ocasiones, y al mismo tiempo, no se trata de una película moralizante, apologética o de propaganda.

Aborda con gran maestría temas profundamente humanos, algunos de candente actualidad. Recrea magistralmente la crisis de fe de dos sacerdotes jesuitas, pero no constituye una apología de la apostasía. Plantea el tema del relativismo religioso y muestra a la religión como un fenómeno puramente cultural, relativo a cada pueblo y su historia, visión que se enfrenta con la pretensión de universalidad del cristianismo, y más allá de él, de la universalidad de la verdad. Describe a un tiempo la heroicidad de los mártires junto con la flaquez de algunos cristianos, la cual raya en lo tragicómico en el personaje de Kichijiro, que apostata una y otra vez por cobardía, traiciona al padre Rodrigues, con quien vuelve siempre arrepentido a confesarse. Es el prototipo del cristiano débil. No cae así en un fácil maniqueísmo ajeno a la realidad; por el contrario, la describe con su riqueza y dramaticidad.

¿De dónde viene la incomodidad para algunas personas con fe? Los dos protagonistas principales son apóstatas o, por lo menos, abandonan públicamente su fe, aunque se deja a entender que siguen siendo fiele a Jesucristo en el fondo de su conciencia. No lo hacen por temor al martirio, por el contrario, se muestran dispuestos a recibirlo, pero como bien les explica "el Inquisidor", los japoneses ya han aprendido la lección. No quieren mártires sino apóstatas. Para ello recurren al tormento psicológico: en vez de torturarlos a ellos, hacen sufrir lo indecible a los cristianos sencillos. Sólo su apostasía terminará con el sufrimiento de esos campesinos. Al final toman la decisión más difícil y dolorosa para ellos: abjuran de su fe para terminar con el tormento de los inocentes, suponiendo que Jesús haría eso en su lugar.

El tema es tremendo: una fidelida   al espíritu de Jesús que se encarna en la infidelida   a su doctrina. Una fidelida   interna que contrasta con el abandono externo, con el resultado previsible para ambos sacerdotes: un sentimiento de desolación moral, reconocer que esa prueba no la podían superar, la zozobra y la inquietud de no haber elegido el camino adecuado, el temor de ser en realidad cobardes. La ruptura interior por haber actuado, conscientemente, contra la moral católica, pensado que hacerlo era una exigencia de la caridad.

Ahora bien, este tema profundo y serio tiene un contexto. Como diría el cardenal Sarah: "mientras los cristianos mueren por su fe y su fidel - dad a Jesús [en África y Oriente Medio], en Occidente algunos hombres de Iglesia intentan reducir al mínimo las exigencias del Evangelio". Quizá la película expresa también la incapacidad del cristiano occidental tibio para comprender la radicalidad de las exigencias evangélicas: la renuncia, el sacrificio el dolor y la muerte. Exigencias que sí entienden los mártires de la película o los mártires actuales víctimas de Boko Haram, ¡tantas veces los fiele tienen más fe que sus pastores!

Por otra parte, la realidad actual desmiente el peligro del relativismo. Japón no es un país católico, pero hay medio millón de católicos japoneses, han tenido dos primeros ministros católicos y varios cardenales. Es decir, el cristianismo sí ha podido encarnarse en su cultura; la verdad no es relativa, sino que se impone, no por la fuerza, sino por su propia convicción, a pesar de la persecución. En efecto, los Kakure Kirishitans mantuvieron oculta su fe sin sacerdotes más de doscientos años, hasta ser redescubiertos en 1865 por el padre Petitjean.

En defensa del Halloween

Aprovecho que ya pasó Halloween para ofrecer una tímida defensa de la celebración, o por lo menos, cuestiono la oportunidad de –nunca mejor dicho– satanizarla, pues puede resultar contraproducente y a fina de cuentas equívoco. Me explico: Dada la sensibilidad contemporánea, una manera de fomentar las cosas es prohibirlas. La seducción de lo prohibido siempre ha existido, pero prohibir actualmente se ve como una arbitraria intrusión en la libertad personal. Se considera un abuso que con base en principios dogmáticos y religiosos se quiera orientar nuestra conducta. Es contraproducente, pues sólo por llevar la contraria y rechazar cualquier intento de dominar a las conciencias, algunos desearán hacer lo que se prohíbe.

Pero hay una razón más de fondo. Las conclusiones del primer concilio de la Iglesia son muy claras. Obviamente se refiere a otros asuntos más serios, pero, *mutatis mutandis*, bien pueden aplicarse aquí. Hechos de los Apóstoles 15, 28 afirma "Hemos decidido el Espíritu Santo y nosotros no imponeros más cargas que las necesarias". Aunque se refier a otra realidad, puede aplicarse como un principio general al que se le puede agregar otra razón: no gastar balas en batallas perdidas o, mejor aún, seleccionar qué empresas vale la pena acometer y en cuáles probablemente perdamos el tiempo. Algunas causas pueden conducirnos progresivamente a vivir en un *ghetto*, es decir, aislados de la sociedad que denunciamos y en la que somos incapaces de ver nada bueno.

Alguien puede decir: "Halloween no es cristiano". Yo le respondería, "¿estás seguro?, ¿sabes de dónde viene ese nombre?". En realidad, se trata de una cristianización a medias. En efecto, la etimología de la palabra es *"All hallow's eve"*, que en inglés antiguo signific "víspera de todos los santos" (por lo menos el nombre es cristiano). Pero aún hay más. Según la medievalista Régine Pernoud, la solemnidad de Todos los Santos no se celebraba el primero de noviembre, sino en otra fecha de primavera en el hemisferio norte, que recordaba el momento en el que muchas reliquias de las catacumbas fueron llevadas para su protección a la Iglesia del Panteón en Roma (Santa María de los Mártires). Pero se cambió a noviembre con el objetivo de cristianizar una fiest celta pagana, en la que se daba culto a los espectros, fiest que hoy conocemos como "Halloween".

La solemnidad de Todos los Santos está colocada en esa fecha con la intención de dar un sentido cristiano a la fiest de los espectros. Para eso, en vez de recordar a realidades misteriosas y maléfica del inframundo, celebramos a los que gozan de la vida eterna con Dios en el Cielo. Ahora bien, dos consideraciones parecen pertinentes: no todas las fiesta que celebre un cristiano tienen que ser por fuerza religiosas. El cristiano celebra sus fie - tas religiosas, pero nada tiene de malo que festeje otras con raíz diferente, por ejemplo, el Mundial de Futbol, las Olimpiadas o la Independencia. En segundo lugar, se puede constatar cómo algunas de esas fiesta religiosas han sido asumidas por la cultura común, por ejemplo, la Navidad, hasta el punto de correr el peligro de secularizarse, difuminándose su contenido religioso.

¿Cuál sería la razón de su éxito? Que se "han vendido bien", han entrado en la lógica del mercado y, tristemente, el lenguaje económico lo hablamos todos, creyentes y ateos. Navidad habla ese lenguaje, y debe dar la batalla para no perder su identidad. Todos los Santos en cambio no, y por tanto pasa inadvertida para la cultura dominante; no así Halloween, que entra de lleno en la dimensión comercial. Es cierto que, sin mucho éxito, a decir verdad, se ha promovido la hermosa iniciativa de vestir a los niños de santos y santas y cantar "queremos santidad" en vez de "dulce, dinero o travesura".

Si nos atenemos al modo generalizado de celebrar Halloween, no puede decirse sin abuso que es satánico. Una cosa es que la magia y la brujería conduzcan al satanismo y otra muy distinta vestir a los niños de vampiros, hombres lobo, Frankenstein y demás productos de imaginario popular. Una cosa es que los jóvenes celebren una fiest de disfraces, con alcohol y todo lo demás, la cual celebrarán igualmente por otros motivos, y otra muy distinta es darle culto al demonio o caer en el ocultismo. Si confundimos ambas cosas, quizá es que somos exagerados y más que hacer amable la virtud, la hacemos odiosa. Mejor es promover la vida litúrgica y con ella la solemnidad de Todos los Santos, que atacar el Halloween. Mejor evangelizar que pelear, ser propositivos que reactivos.

Dios o los ovnis

Un interesante artículo del *New York Times* ("Don't Believe in God? Maybe You'll try UFOS") hacía notar cómo, a pesar de que aparentemente se reduzca el número de personas que practican una religión organizada, permanece en cambio la actitud religiosa en ellas o "mente religiosa", como la llama. Es decir, siguen siendo creyentes, pero de otra índole. En efecto, las personas tienen necesidad de encontrar el sentido de las cosas, el sentido de la vida, el significad de la muerte. Esa inclinación persiste, aunque se haya abandonado la práctica de un credo religioso organizado. Cuando una persona deja de ser religiosa, permanece, generalmente, la inclinación por buscar el sentido de las cosas más allá de lo tangible: en lugar de creer en Dios, prefier creer en los ovnis, como un modo de recuperar el sentido perdido.

Ya lo dice la sabiduría popular. "Quien no adora a Dios ante cualquier ídolo se arrodilla." No creen en Dios, pero creen, por ello creen en los ovnis. Según la investigación, los ateos son dos veces más propensos a creer en ovnis que los creyentes. El porcentaje se eleva también respecto de los que creen en fantasmas o poder mantener contacto con los muertos. Digamos que la necesidad de encontrar un sentido y un significad se acentúa en quien ha abandonado la práctica religiosa; o más bien deberíamos reconocer que la religión institucional viene a ser sustituida por otras formas pseudo religiosas. Es decir, una cosa es abandonar la práctica religiosa y otra prescindir de la inclinación religiosa.

Esta permanencia de la actitud religiosa no es patrimonio de los conversos al ateísmo de perfi sencillo. Digámoslo así, gente de pueblo que mantiene nostalgia por lo espiritual. Por el contrario, puede observarse en científico de alto nivel. Así, por ejemplo, Carl Sagan, en su juventud, llegó a exclamar que "¡Jesucristo era extraterrestre!". Para su hijo Dorion Sagan, la búsqueda de la vida extraterrestre ocupa el lugar de la religión en la era secular. Curiosamente, Carl Sagan creía en los extraterrestres y al hablar de ellos suponía que tienen un carácter cuasi divino y bondadoso, y pensaba que nos conducirán a una edad de oro y de plena racionalidad.

Detrás de todas estas curiosas subversiones del fenómeno religioso descansa un hecho humano fundamental. El papel que tiene la fe en general (no la fe teológica), en el conocimiento humano, el cual siempre supone cosas que no demuestra, y no puede ser de otro modo, precisamente porque no todo es demostrable. Epistemológicamente, necesitamos de la fe para que el conocimiento funcione, de hecho, la fe es un acto del conocimiento. La ciencia misma descansa en una fe, en algo que cree y no demuestra, en sus presupuestos filosófico   A saber, que el universo es racional, que podemos conocer ese orden y que vale la pena el esfuerzo.

Querer huir de la fe viene a ser entonces, muchas veces, una actitud moral. Una manifestación de orgullo. Hacernos la ilusión de no depender de nada más que de nuestras propias manos. Pero rápidamente nos volvemos a encontrar con las realidades que dan origen al fenómeno religioso en general: la conciencia de nuestra finitu y de nuestra limitación, la acuciante necesidad de sentido y significado En definit va, la soledad absoluta a la que nos abocamos y prescindimos de Dios, y por ello, antropológica o psicológicamente, buscamos un sustituto. Uno de moda son los extraterrestres.

Sin embargo, en el hipotético caso de que existiesen los extraterrestres en general, ellos no podrían llenar el vacío dejado por Dios. En lugar de despejarse un problema: ¿cuál es el sentido de la vida?, ¿de dónde venimos?; tendremos dos problemas: ¿cuál es el sentido de sus vidas?, ¿de dónde vienen? Digamos que podríamos quedarnos tranquilos por un rato con su descubrimiento, pero bien pensado, en lugar de resolver nuestro problema de sentido, lo acentuaría. Por lo pronto, sin embargo, su existencia no pasa de una simple especulación. El dato estadístico fuerte (no cada caso particular, obviamente), es que desaparecida la práctica religiosa no se clausura la inclinación religiosa, sino que cambia de objeto. ¿Por qué será? Quizá el viejo Agustín pueda brindarnos la clave: "nos hiciste Señor para Ti y nuestro corazón está inquieto hasta que no descanse en Ti".

Los millennials y los horóscopos

Con gran sorpresa me he encontrado con que estudiantes universitarias consultan regularmente su horóscopo. Personalmente siempre me había parecido que hacía falta una fuerte dosis de ignorancia para creer en tales supersticiones, por lo que supuso un descubrimiento comprobar cómo buenas alumnas, de excelentes universidades, que manejan varios idiomas y han recorrido mundo, aceptan de forma acrítica los dictámenes, augurios y proyecciones de los horóscopos, y llegan en ocasiones a la patología de tener que consultarlos, o la ansiedad por comprobar si efectivamente se han veri cado sus proyecciones.

En conversación con una de ellas sobre la irracionalidad de tal proceder, me comentaba con sencillez: "funciona", "las previsiones suelen ser acertadas", "una amiga los maneja muy bien y si le das tu signo zodiacal puede describir con detalle tu personalidad". Se quedó pensativa, sin embargo, al preguntarle si había hecho el experimento al revés, es decir, si antes de revelar su signo zodiacal, en atención a sus características personales, era capaz de adivinarlo. La respuesta, obviamente, era que no. Es importante meter el "gusanito de la duda", para fragmentar, poco a poco, esa forma de ingenua credibilidad. Con creciente sorpresa me fui dando cuenta de que se trataba de algo viral: muchas chicas lo consultaban y algunas reconocían tener ya un vicio, otras en cambio decían que era mera curiosidad, un juego, pero recurrentemente volvían a ese juego, pues en realidad ya era parte de sus vidas.

Desafía la curiosidad el hecho de que tan burda forma de superstición hiciera mella en personas con un excelente desempeño académico, acostumbradas a tener un agudo espíritu crítico en general con todo y particularmente con la religión institucionalizada. Personas que no se consideraban ingenuas ni permitirían que "les tomaran el pelo", que saben moverse con soltura en la selva urbana, pero que detrás de esa fachada de progreso, tecnología y mundo, esconden las más primitivas creencias.

El espíritu crítico generalizado y el estar prevenidos contra los engaños de vividores y chantajistas son compatibles con manifestaciones primitivas de religiosidad, con la creencia en la magia y en poderes ocultos. Personas que se mueven a sus anchas en el mundo informático y tecnológico, con el último iphone del mercado y todas las redes sociales posibles, con una formación cientificist que las lleva a dudar, en teoría, de cualquier discurso espiritual, terminan por usar su horóscopo para decidir cotidianamente o para encontrar una explicación de lo que sucede en su vida, ¿no resulta paradójico?

La pregunta es, ¿cuál podría ser la causa? Supongo que tiene una raíz profunda, antropológica o psicológica. Las personas necesitan creer en algo o en alguien. Buscan una seguridad más allá de lo que pueden controlar. A pesar de todos los esfuerzos que la ciencia y la tecnología han realizado, con bastante éxito hay que decirlo, para tener el control total y la explicación pormenorizada de lo que sucede, ello es insuficient para muchas personas. Adivinan que hay algo más, que quedan cabos sueltos, que el horizonte existencial no puede estar cerrado a la malla determinista de lo material.

Los millennials han crecido escuchando una y otra vez que la ciencia lo explica todo, o lo explicará en un futuro, o lo que no pueda explicar simplemente no tiene explicación. Han crecido con desconfianz de la religión institucionalizada, a la que examinan críticamente y en la que, en un alarde de agudeza, creen encontrar ocultas estrategias de manipulación y poder. Sin embargo, sucumben al horóscopo, es decir, a lo más primitivo e irracional. La férrea racionalidad impuesta desde afuera encuentra una válvula de escape en los horóscopos. El horizonte clausurado por decreto a lo estrictamente material, como única opción realista acorde con los descubrimientos científicos subrepticiamente abre un espacio al ocultismo y la superstición.

Este dato nos indica, por lo pronto, varias realidades: que la perspectiva exclusivamente materialista y supuestamente cientí ca no da respuesta a todas las preguntas; que la persona busca seguridad más allá de lo que puede controlar o medir; que no nos resignamos a ser sólo materia y la dimensión espiritual intrínseca a la persona pugna por manifestarse de alguna forma. Pero, ¿por qué los horóscopos? Pues por ser una forma de espiritualidad más *light*, sin compromisos y a la carta, justo como el mundo en el cual los millennials han crecido.

¿Castigo divino?

Varias personas me han preguntado, "¿padre, el coronavirus es un castigo divino?". Incluso, un excelente estudiante de medicina comentaba: "Padre, en la Biblia se habla de las plagas de Egipto, y se dice que el coronavirus es una plaga, ¿Dios nos está castigando?". En realidad, se trata de una pregunta que, en rigor, nadie puede responder. Tendríamos que saber lo que Dios piensa, ser capaces de escrutar sus designios, los cuales siempre nos superan ampliamente. Ya lo dice la Escritura, "como dista el cielo de la tierra, así dista mi camino de vuestros caminos; y vuestros pensamientos, de mis pensamientos" (Isaías 55, 9).

El coronavirus puede describirse, genéricamente, como una "plaga", pero no equivalente a "las de Egipto", porque éstas fueron anunciadas con anterioridad; es decir, profetizadas y tenían una función muy concreta, explicada por el mismo Dios: liberar a Israel de la esclavitud. En este caso, se trata de una trágica epidemia, que no ha sido profetizada ni tiene una función igual de clara. Ahora bien, ¿por qué la permite Dios? Otra persona angustiada comentaba: "¿por qué Dios permite que los enfermos mueran aislados de sus seres queridos?". La respuesta es obvia, para no contagiarlos, no podía ser de otra manera, pero de fondo late otra pregunta más angustiosa y de más largo alcance, ¿por qué permite Dios nuestro sufrimiento?

No podemos saber en concreto qué es lo que Dios quiere decirnos con la pandemia, pero sí lo podemos intuir y sí conocemos algunas constantes en su forma de actuar y en sus designios. En efecto, la historia de la salvación, y por tanto la historia de la humanidad, están repletas de ejemplos en los cuales Dios, de las cosas malas que no quiere, pero permite, saca cosas buenas. El mal no es original ni definit vo, entró en el mundo por nuestra libertad, a través del pecado y afectó a la entera creación, y sabemos que al fina será derrotado definit vamente, en "los cielos nuevos y la tierra nueva"; pero ese fina todavía no ha llegado y no sabemos cuándo será. Dios se sirve ordinariamente de ese mal no deseado para purificarno y para elevar nuestra mirada hacia los bienes espirituales, que son los imperecederos.

En este sentido, no es aventurado adelantar unas lecciones importantes que aprendemos con la pandemia. "La letra con sangre entra" dice el adagio académico, que ahora ha mutado a "la letra con virus entra". La lección de controlar nuestro orgullo y suficiencia la soberbia de nuestra civilización, la lección que nos enseña a domesticar nuestro individualismo y aprender que los problemas los tenemos que afrontar juntos. La enseñanza de cuidar de nuestro planeta, nuestra casa común; la de cuidar nuestra familia, nuestro entorno y nuestro hogar, como el más preciado tesoro. La enseñanza de volver aprender a elevar la mirada a Dios y rezar de nuevo, como cuando éramos niños.

En este sentido ya son tangibles algunos de los frutos de la pandemia. Se nota una mayor sensibilidad por la realidad espiritual, por la oración, por Dios. Una mayor preocupación por la propia familia, por la solidaridad, por todos aquellos que sacrificadament realizan los trabajos de servicio necesarios para que la sociedad funcione o los servicios de salud sean posibles. Una mayor sensibilidad por nuestro entorno y la naturaleza. Al mismo tiempo, el virus nos ha obligado a bajar el ritmo en nuestra actividad, de manera que por un momento nos paremos a pensar en el sentido de tanto ajetreo, no nos vaya a suceder, como decía san Agustín: "corres bien, pero fuera del camino". Nos ha obligado a pararnos y a reflexiona sobre el valor y el sentido de nuestra vida. No es descabellado pensar que todas estas enseñanzas estaban en el plan de Dios.

¿Pero no querrá castigarnos por habernos olvidado de Él, por haber dejado de rezar, por construir nuestra vida y nuestra civilización a sus espaldas? No lo sabemos, pero no sería inverosímil. La pandemia nos ha mostrado con crudeza la banalidad de tal pretensión. ¿Por qué sufren inocentes? Ante el sufrimiento se impone siempre un respetuoso silencio, pero se intuye también el grito de Dios que quiere sacudir la dureza de nuestro corazón, empujándonos a remediarlo, aliviarlo o compartirlo. En cualquier caso, el sufrimiento forma parte del misterio de nuestra vida, las personas inocentes encuentran en su sufrimiento un camino para identificars con Jesús, el Inocente sufriente. El misterio del sufrimiento no puede esclarecerse en esta vida, necesita verse con la perspectiva de la otra, carecemos de esa perspectiva, pero la pandemia nos ha hecho pensar en ella y, pienso, eso le agrada a Dios.

"Y que la covid los una"

En medio de la vorágine de la pandemia, hemos podido palpar una vez más algo que parecía olvidado, incluso superado: que la humanidad forma una unidad, una gran familia, y que, por encima de los egoísmos e individualismos, aletea un espíritu de comunión. La desgracia nos ha unido, reunido a quienes antaño eran antagonistas. El dolor ha tenido la virtud de suturar las fracturas de nuestra civilización doliente. Uno de los ámbitos donde gozosamente esto se ha hecho patente es en el marco religioso, donde por una vez creyentes en Dios y ateos beligerantes vamos de la mano en busca de un fi común, y ofrecer la misma medicina para paliar el colosal problema que juntos enfrentamos y que solamente unidos podremos superar.

No deja de sorprender, en este sentido, que el papa Francisco, portavoz de quienes creemos en Dios, y Yuval Noah Harari, adalid de quienes niegan su existencia, ofrezcan el mismo consejo, la misma receta, para hacer frente a la pandemia. Dejemos que sean ellos los que lo digan. Como "la edad va antes que la belleza", escuchemos primero a Francisco, que nos habla del tema en las dos bendiciones *Urbi et Orbi*, la extraordinaria del 27 de marzo y la pascual del 12 de abril de 2020.

En la primera dice:

Al igual que a los discípulos del Evangelio, nos sorprendió una tormenta inesperada y furiosa. Nos dimos cuenta de que estábamos en la misma barca, todos frágiles y desorientados; pero, al mismo tiempo, importantes y necesarios, todos llamados a remar juntos, todos necesitados de confortarnos mutuamente. En esta barca, estamos todos. Como esos discípulos, que hablan con una única voz y con angustia dicen: "perecemos", también nosotros descubrimos que no podemos seguir cada uno por nuestra cuenta, sino sólo juntos.

En la segunda fue más enfático:

Éste no es el tiempo de la indiferencia, porque el mundo entero está sufriendo y tiene que estar unido para afrontar la pandemia [...] Que estos hermanos y hermanas más débiles, que habitan en las ciudades y periferias de cada rincón del mundo, no se sientan solos [...] Éste no es el tiempo del egoísmo, porque el desafío que enfrentamos nos une a todos y no hace acepción de personas [...] Es muy urgente, sobre todo en las circunstancias actuales [...] que todos se reconozcan parte de una única familia y se sostengan mutuamente [...] Éste no es tiempo de la división [...] Las palabras que realmente queremos escuchar en este tiempo no son indiferencia, egoísmo, división y olvido. ¡Queremos suprimirlas para siempre!"

Por su parte, Yuval Noah Harari, quizá el intelectual ateo más relevante en la actualidad, una vez muerto Stephen Hawking, afirm en una entrevista reciente:

El mayor peligro son las personas, no el virus. Si colaboramos en los ámbitos nacional e internacional, saldremos adelante sin ninguna duda. Pero el problema de verdad es la falta de unidad global [...]. Necesitamos colaboración e intercambio con otros países, pero lo que está ocurriendo en estos momentos es terrible. En lugar de una producción conjunta de test, ropa de protección y respiradores y de un reparto coordinado entre todos los países, lo que estamos viendo es que los más ricos tratan de hacerse con todo. Cada uno va a lo suyo. Los Estados tendrían que tenderse la mano en vez de dejar de lado a las víctimas. Deberían compartir información honesta y veraz y no pensar sólo en su economía. Pero eso exigiría un elevado nivel de confianz internacional [...]. El remedio contra el coronavirus no es separarse, sino mantenerse unidos.

El creyente y el ateo, el Papa y el intelectual, claman por la unidad. Uno en plan positivo, el otro en negativo, el primero pone el énfasis en lo que deberíamos hacer, el segundo en lo que no hemos hecho, pero el diagnóstico es el mismo: sólo unidos saldremos adelante, sólo unidos hay futuro, sólo unidos superaremos la pandemia. Y al hacerlo, ateos y creyentes dan un bello ejemplo de unidad, y ponen el acento más en lo que tenemos en común: nuestra común condición humana; que no en las creencias que nos dividen, pues mientras unos creemos en Dios, otros creen que no existe. Ambos insisten, también, en aprovechar la pandemia para reflexiona y corregir lo que no va bien en nuestra civilización, ¿no es curioso cómo la espiritualidad cristiana y la atea pueden ofrecer el mismo diagnóstico al descubrir la misma oportunidad?

VII
Signos esperanzadores

El que es injusto, sea injusto todavía; y el que es inmundo, sea inmundo todavía; y el que es justo, practique la justicia todavía; y el que es santo, santifíquese todavía.

Apocalipsis 22, 11

El panorama dibujado en las páginas precedentes, a la par apasionante y conflict vo, puede dejarnos, sin embargo, con mal sabor de boca. Puede insinuarse en el corazón un sentimiento desalentador y desesperanzador. Queda entonces la pregunta, ¿cómo enfrentar un mundo como el que vivimos? O, formulada en forma diversa, si uno tiene una cosmovisión cristiana de la realidad, ¿qué actitud tener y cómo comportarse en un mundo post-cristiano algunas veces, anticristiano en otras?

No es banal el cuestionamiento, pues con frecuencia podremos experimentar un sentimiento de impotencia y frustración, frente a leyes y formas de vida radicalmente opuestas al ideal cristiano de la vida, que progresivamente van imponiéndose en las diferentes sociedades y culturas. Poco a poco podríamos adquirir una conciencia de disidencia, una forma de resistencia cultural, a la postre, cada vez más marginal. Podríamos perfilarno como los eternos amargados, inconformes, "cascarrabias", que se la viven haciendo corajes porque el mundo no es como ellos dicen que debería ser. Y, al adquirir esa fisonomía convertirnos progresivamente, en la medida en que la sociedad se aparta de nuestras directrices, en un gueto aislado, al margen del sentido de la historia, condenado a desaparecer en el reino de lo irrelevante.

Cuando uno posee una identidad cristiana, debe necesariamente plantearse cuál va a ser su papel y su actitud en medio de una sociedad que se ha distanciado conscientemente de los valores y principios cristianos. ¿Cómo debo jugar? ¿Debo adquirir la actitud de continua denuncia? ¿Le debo declarar la guerra al nuevo paradigma? ¿Debo seguir luchando, incansablemente, hasta que mis valores vuelvan a imperar en el mundo? ¿Debo sumirme en la amargura, en la indiferencia o en la resignación? ¿Debo esforzarme a cualquier precio por no perder mis valores y transmitirlos por lo menos a mi descendencia? En fin la pregunta es ¿cuál papel queremos desempeñar en un mundo que ya no juega con nuestras reglas? Y, dependiendo del papel, ¿cuál será la actitud correcta en esta nueva situación, en el cambio de narrativa?

No es sencillo adelantar una respuesta. Quizá sea imprescindible servirnos de algunas herramientas teológicas para hacer frente a esta novedosa situación, en un intento de ofrecer cierta teología de la historia, que nos sugiera alguna línea de conducta o algunas directrices de acción. Con este acervo teológico de fondo, podremos adelantar qué no debemos hacer, pues nos distanciaríamos de lo que somos, nuestra identidad, para sugerir después qué debemos hacer, para no ser remisos en lo que se refier al cumplimiento de nuestra misión en el mundo, siempre desde el prisma de la teología de la historia.

No debemos ser los "nuevos esenios", es decir, un movimiento radical que se propone la restauración de lo anterior, considerado el Estado ideal, y que conscientemente se separa del mundo por considerarlo absolutamente corrompido y un peligro para la pureza de nuestras creencias y costumbres. Es decir, asumir conscientemente la forma de un gueto, para preservar la propia identidad, y que la denuncia de un mundo corrompido sea lo que nos une y configu a nuestro ideal. Esta actitud es incompatible con la vocación evangélica por excelencia de los cristianos, de ser "la sal de la tierra", "la luz del mundo", "el fermento" de la sociedad. La impronta teológica nos impide aislarnos del mundo, a no ser que por vocación seamos religiosos contemplativos. Para los fiele laicos, es decir, corrientes, normales, el lugar donde desarrollan sus vidas es el lugar de su encuentro con Dios, por más corrompido que esté este lugar.

La misión de ser sal, luz y fermento nos muestra claramente qué actitudes no debemos tener. Así, si no debemos ser "los nuevos esenios", tampoco sería correcto que fuéramos indiferentes ante el cambio epocal, y sencillamente danzar al ritmo de la moda, acoplarnos, mimetizarnos. No podemos mirar al mundo con indiferencia o resignación y mantener simultáneamente nuestra vocación de ser "sal, luz y fermento".

Tampoco sería correcto que, por ósmosis, al estar en medio de un mundo no cristiano, perdiéramos nuestra identidad cristiana. Que nuestro intento de contemporizar con el clima imperante nos lleve a perder nuestra esencia. Sería la tentación del cristiano mundanizado, del que confundió su vocación de estar en medio del mundo, con mundanizarse, pues no es lo mismo. La primera acepción es entender el mundo como lugar y tarea; la segunda supone la claudicación, el abandono del ideal. Nuevamente, ello supone el olvido de nuestra llamada a ser "sal, luz y fermento".

No podemos ser "esenios", ni indiferentes, ni mundanizarnos, ¿tenemos algún referente de lo que sí debemos hacer?, ¿algún precedente que nos indique la actitud correcta? Felizmente sí que contamos con un precedente egregio de la situación que vivimos de cambio epocal: los primeros cristianos. De hecho, ellos progresivamente cambiaron la época en la que vivieron, le dieron la vuelta al mundo radicalmente, de forma discreta, callada, sencilla. Pasaron los siglos y un buen día el mundo conocido se dio cuenta de que era cristiano.

Es la hora de los laicos, lo ha recordado el papa Francisco. Es la hora de que los fiele se empeñen en vivir su fe, a pesar del esfuerzo que ello les suponga, confia en el atractivo del mensaje cristiano, de la forma de vivir cristiana. En efecto, como dice el Papa, el cristianismo no crece por proselitismo, sino por atracción. Es la confianz en la belleza que en sí mismo tiene el mensaje evangélico; el ideal cristiano es arduo pero bello, y esa belleza conduce a la verdad. El atractivo del mensaje está en sí mismo. Y en un mundo enrarecido para escucharlo, cerrado tantas veces a la verdad, no queda otro camino que mostrarlo.

Es una obviedad, pero efectivamente, lo que hace falta hoy y siempre es santidad. Los santos son aquellos que encarnan de modo auténtico y creíble el ideal católico, en medio del mundo real, en el que vivimos, con sus timbres de gloria y de bajeza. La vida cristiana, bien vivida, es atractiva y es la luz que necesita el mundo para redescubrir el sendero perdido hacia la verdad. La cantidad inmensa de prejuicios que llevan a ver el ideal evangélico como algo superado, una pieza de museo, muchas veces no puede ser removida ya por la argumentación, sino sólo por la vida y la experiencia. En efecto, nuestro pensar nunca es intemporal, se encuentra inserto en el tiempo, en un contexto, con unos precedentes. La carga ideológica, el peso de la historia, los errores del pasado dificulta mucho el pensamiento desapasionado y el descubrimiento maravillado de la verdad. Hace falta a veces que callen los argumentos y hablen los hechos, la experiencia, la vida, la santidad, la belleza.

Son "los santos de la puerta de al lado" de los que hablaba Francisco. Atractivos en su sencillez y normalidad: una mujer que compagina su trabajo, el cuidado de la familia y la vida de piedad; un hombre que sabe renunciar a una ventaja económica o política por fidelida a su conciencia; un matrimonio generoso, abierto a la vida; un luchador en contra de la pobreza, la discriminación, la violencia, que además es hondamente religioso, y así un largo y creativo etcétera, que no conoce más límites que los que la creatividad del Espíritu Santo pueda suscitar en el mundo de hoy.

En este sentido, la belleza de la santidad contemporánea puede muy bien romper los moldes tradicionales de la santidad y manifestarse en las mil diversas formas de la policromía contemporánea. Así puede haber una santa feminista, como Dorothy Day, o un santo con tendencias homosexuales, como Henri Nouwen, o un santo millennial como Carlo Acutis, o uno que destaque por preocuparse por defender a la naturaleza, o los pueblos originarios, o por desarrollar una ciencia respetuosa de la dignidad humana, como Jérôme Lejeune, o por preocuparse de los pobres como Teresa de Calcuta. La santidad siempre da lugar a formas de vida bella, que son elocuentes, hablan por sí mismas y por sus frutos. La belleza puede volver a hacer transitable el camino hacia la verdad.

Una clave, a la par teológica y existencial, para mirar con esperanza nuestro tiempo presente, nos la ofrece el padre de la teología de la historia, san Agustín. En efecto, el autor de *La ciudad de Dios*, texto príncipe de la reflexió teológica sobre la historia, vivió en un cambio epocal, en el ocaso del mundo antiguo y en los albores del mundo medieval. Cuando él hace su famosa reflexió sobre que "los tiempos somos nosotros; como somos nosotros, así son los tiempos" (Sermón 80, 8), es decir, vivimos en el mejor momento porque es el momento que Dios ha pensado para nosotros, en el momento preciso y correcto para realizar nuestra misión en la historia, que es única y se enlaza con una historia más grande, que supera y da sentido a la nuestra, la historia de la salvación; cuando escribió eso, su mundo estaba muriendo.

En efecto, san Agustín muere cuando los vándalos estaban sitiando la ciudad de la que era obispo, Hipona. Los vándalos primero y los musulmanes después borrarían todo rastro del cristianismo en el norte de África, que fue el lugar donde san Agustín desempeñó toda su labor pastoral de evangelización. La vida de san Agustín estuvo enmarcada por las polémicas de la fecunda Iglesia del norte de África y prácticamente con san Agustín murió esa Iglesia. Pareciera un absoluto descalabro, un fracaso radical, pues todo aquello por lo que él luchó se perdió, ¿no es verdad?

No es verdad, pues si bien lo que amó san Agustín desapareció, él luchaba en realidad por algo más grande. La Iglesia particular que él presidió fue borrada del mapa, pero el ideal más grande, por el que él luchó, continúa vigente en la actualidad. La Iglesia universal y la historia de la salvación siguen vivas y activas hoy en día. Las reflexiones de san Agustín, incluidas aquellas sobre teología de la historia presentes en *La ciudad de Dios*, ayudaron primero en el alumbramiento de una nueva época, la Edad Media, y proyectan su luz y su fuerza incluso ahora, cuando nos encontramos en una situación análoga a la suya, de cambio de paradigma.

Precisamente ver en los anales de la historia cómo, cuando parecía que todo se había perdido –la desaparición de la Iglesia en el norte de África–, en realidad todo volvería a nacer –la Edad Media, como época marcadamente cristiana– nos da un aliento de profunda esperanza. Dios, en efecto, sabe sacar de los fracasos humanos abundante luz, y los encauza para que den fruto a lo largo de los siglos, y de alguna forma colaboren con ese grandioso plan que es la historia de la salvación. Es la constante de toda la historia de la salvación pues, como diría Chesterton: "El cristianismo ha muerto varias veces, pero ha resucitado otras tantas; porque Dios sabe el camino para escapar del sepulcro".

Dios, de los males, saca bienes, y lo reconduce todo, especialmente los fracasos humanos, hacia la historia de la salvación. Lo describe magistralmente J. R. R. Tolkien, un escritor de profunda raigambre cristiana, al inicio del *Silmarillion*. La creación es obra de los Ainur, la hacen a través de una melodía, en la que recurrentemente surgen sonidos disonantes, pero Eru Ilúvatar (Dios) termina por hacer de esa cacofonía una parte de la sinfonía. A pesar del empeño consciente por destruir la melodía, esta última siempre se impone en una unidad de sentido más grande, como lo es en el caso de Dios, la historia de la salvación.

"Los tiempos somos nosotros" decía san Agustín, pero no nosotros solos. Como diría Octavio Paz, "alguien me deletrea"; Dios también es un actor de este drama histórico, discreto, respeta nuestra libertad, nuestros errores, nuestros fracasos, pero lo reconduce todo hacia la finalidad salvífica que da sentido al decurso histórico. En ese sentido, la dura experiencia de san Agustín nos ayuda a no perder la confianza en los insospechados caminos de la Providencia divina. En efecto, si bien su Iglesia particular sucumbió al embate de los vándalos, la increíble fecundidad de su obra contribuyó decisivamente al alumbramiento de un nuevo mundo, y continúa dándonos luces y orientaciones al día de hoy. Su obra, su vida no se malogró, y contribuye en una causa vigente no sólo actualmente, sino que a la postre, perdurará mientras exista la historia, pues culmina con ella, la consumación al fina de los siglos y la salvación del mundo.

La experiencia agustiniana nos ayuda a mirar el tiempo con una actitud positiva, verlo como un apasionante desafío, donde no estamos solos, pues el Señor de la Historia está a nuestro lado, lo que además nos confirm estar en el lado correcto de la historia, en el sentido hacia el que se dirige, aunque las apariencias muchas veces nos griten lo contrario. Pero no debemos sorprendernos, en realidad, el mismo Señor de la historia nos lo ha advertido. Nos lo ha dicho con claridad, está escrito, sólo que muchas veces no queremos darnos por enterados, o somos como los apóstoles, pues todavía soñamos con un reino humano de Cristo, con un mesianismo político, que sea, a la postre, obra de nuestras manos.

En la Escritura Santa son frecuentes las alusiones a las dificultade que deberemos sortear si queremos ser fiele a Jesucristo. Jesús lo dice con claridad: "No está el discípulo por encima del maestro, ni el siervo por encima de su amo. Ya le basta al discípulo ser como su maestro, y al siervo como a su amo. Si al dueño de la casa le han llamado Beelzebul, ¡cuánto más a los domésticos!" (Mateo 10, 24-25). Es decir, ya nos advirtió que no será lo normal estar de moda, pero para que no nos desesperemos, también nos dice: "en el mundo tendréis tribulación, pero ¡ánimo! yo he vencido al mundo" (Juan 16, 33). Las dificultades el ir contracorriente, será lo habitual, pero con la confianz de que no estamos solos y de que al final al largo plazo, la victoria es nuestra.

No debemos sorprendernos de lo sorprendente, es decir, de las realidades grotescas que son pacíficament aceptadas en nuestra civilización. Realidades que hace 20 años serían consideradas una locura, ahora son pacíficament aceptadas, e incluso sancionadas por una ley conveniente (por ejemplo, Canadá, donde los padres no pueden oponerse por ley al deseo de un menor si quiere cambiar de sexo). El derecho de libertad religiosa, de libertad de expresión, de educar a los propios hijos según las propias convicciones, de transmitir la fe a los hijos, todo ello es progresivamente cuestionado por hábiles procesos de ingeniería social.

Es interesante y conocida la Ventana de Overton, que explica cómo, progresivamente, una sociedad puede terminar por admitir lo que sea, poner, como ejemplo de algo insólito, el canibalismo. Pero si conocemos la Escritura, ello no nos debería sorprender. Cito por extenso a san Pablo:

No os dejéis alterar tan fácilmente en vuestro ánimo, ni os alarméis [...].
Que nadie os engañe de ninguna manera. Primero tiene que venir la apostasía y manifestarse el Hombre impío, el Hijo de perdición, el Adversario
que se eleva sobre todo lo que lleva el nombre de Dios o es objeto de culto,
hasta el extremo de sentarse él mismo en el Santuario de Dios y proclamar
que él mismo es Dios [...]. Vosotros sabéis qué es lo que ahora lo retiene,
para que se manifiest en su momento oportuno. Porque el misterio de la
impiedad ya está actuando (2 Tesalonicenses 2, 2-7).

Ahora bien, es verdad que no deberíamos sorprendernos, que no
deberíamos ser como los apóstoles, a quienes Cristo les anunció con claridad en tres ocasiones que debería sufrir la Pasión y Muerte en la Cruz, y
no se dieron por enterados, porque su lógica era todavía muy humana, no
sobrenatural, no sabían cómo Dios reconduce el mal para obtener bienes
insospechados, aún mayores. Pero, entonces, ¿cómo podemos proceder?

La Escritura es muy clara: "Porque no son mis pensamientos vuestros pensamientos, ni vuestros caminos son mis caminos –oráculo de Yah-
veh" (Isaías 55, 8). No podemos esperar que el plan de Dios sea patente y
claro ante nuestros ojos. No nos queda sino confia en Él y entender que
puede y quiere apoyarse en nosotros para cosas muy grandes, que sobrepa-
san lo que pudiéramos imaginar. "De que tú y yo nos portemos como Dios
quiere –no lo olvides– dependen muchas cosas grandes" (San Josemaría,
Camino, núm. 755).

En efecto, cada generación de hombres tiene la maravillosa posibilidad de cooperar con el grandioso juego de Dios con los hombres que es la
historia de la salvación. Podemos tener un papel estelar en la gran causa de
Dios si cooperamos con Él y somos dóciles a su gracia, si seguimos nuestra
vocación o llamado. Las libertades humana y divina conflu en en una grandiosa aventura, cooperar a la salvación, hacer la Iglesia.

Cada generación de hombres tiene la posibilidad de "hacer la Iglesia" que es "el germen y el principio" del "reino de Cristo y de Dios" (Concilio Vaticano II, *Lumen Gentium*, núm. 5). Podemos colaborar con Dios, ser
instrumentos de la instauración de su reino, del reino de Dios en el mundo.
Un reino que no es político, ni de poder, sino "un reino eterno y universal:
el reino de la verdad y de la vida, el reino de la santidad y de la gracia, el
reino de la justicia, el amor y la paz" (Misal Romano, *Prefacio de Cristo
Rey*). En la Iglesia, cada quien tiene un papel concreto en la construcción de
ese reino. A los fiele laicos, por ejemplo, les corresponde "por propia vocación ordenar los asuntos temporales según Dios" (*Lumen Gentium*, núm.
31), impregnar de sentido cristiano las estructuras del mundo.

Pero el reino de Dios es de Dios, no es obra humana. El hombre sólo puede colaborar con él, sabiendo que finalment será un don divino, pero también que, en su misterio, Dios quiere asociar al hombre a su obra salvífica cuenta con nuestra colaboración. Es decir, es importante colaborar con Dios, pero su reino no será obra de nuestras manos.

Por eso, ante el espectáculo de un mundo paganizado, es decir, neopagano, no deberíamos desalentarnos. Al contrario, debemos llenarnos del optimismo adecuado: "El optimismo cristiano no es un optimismo dulzón, ni tampoco una confianz humana en que todo saldrá bien. Es un optimismo que hunde sus raíces en la conciencia de la libertad y en la seguridad del poder de la gracia; un optimismo que lleva a exigirnos a nosotros mismos, a esforzarnos por corresponder en cada instante a las llamadas de Dios" (San Josemaría, *Forja*, núm. 659). Lo nuestro es seguir haciendo, con paz y esperanza, el bien real que tengamos a mano cada día. Nuevamente nos lo dice el *Apocalipsis*: "El que es injusto, sea injusto todavía; y el que es inmundo, sea inmundo todavía; y el que es justo, practique la justicia todavía; y el que es santo, santifíquese todavía" (*Apocalipsis* 22, 11). Ante la abundancia del mal, no desfondarnos, o justifica nuestra mediocridad o tibieza, sino responder con abundancia de bien. No extrañarnos por el mal, sino ver en él un llamado a realizar con urgencia el bien: "No te dejes vencer por el mal; antes bien, vence al mal con el bien" (Romanos 12, 21).

"Ahogar el mal en abundancia de bien" (san Josemaría), ésa es la actitud correcta. Continuar haciendo el bien real posible que tenemos a mano, porque Dios cuenta con ello, sin preocuparnos de que el mal parezca imponente. ¿Por qué? Porque confiamo en Dios, el Señor de la historia, que de los males saca bienes, que quiere contar con nosotros y al fina hará concurrir todo para la victoria definit va del bien sobre el mal, de la luz sobre la oscuridad, consumando la historia de la salvación. En lo que eso sucede, no debemos olvidar que "para los que aman a Dios todo es para bien" (Romanos 8, 28). La sabiduría que nos da la visión esperanzada de la fe nos confirm en que de todo podemos sacar un bien, y cualquier situación se vuelve camino y tarea para dirigirnos hacia Dios mientras colaboramos activa, consciente y felizmente con la historia de la salvación.

Distopía La fe en polémica con la cultura
se imprimió en la Ciudad de México,
el 25 de marzo de 2022
(Anunciación del Señor, solemnidad),
en Litográfic Ingramex, S. A. de C. V.
Centeno 162-1, Granjas Esmeralda, Iztapalapa,
C. P. 09810, Ciudad de México, México